草原民俗风情漫话

漫话蒙古族节日与祭祀

田宏利／编著

内蒙古人民出版社

图书在版编目（CIP）数据

漫话蒙古族节日与祭祀/田宏利编著. –呼和浩特:内蒙古
人民出版社,2017.12(2020.6重印)

（草原民俗风情漫话）

ISBN 978-7-204-15230-8

Ⅰ.①漫…　Ⅱ.①田…　Ⅲ.①蒙古族–节日–少数民族
风俗习惯–介绍–中国 ②蒙古族–祭祀–少数民族风俗
习惯–介绍–中国　Ⅳ.①K892.312

中国版本图书馆 CIP 数据核字（2018）第 005359 号

漫话蒙古族节日与祭祀

编　　著	田宏利	
责任编辑	王　静	
责任校对	李向东	
责任印制	王丽燕	
出版发行	内蒙古人民出版社	
地　　址	呼和浩特市新城区中山东路 8 号波士名人国际 B 座 5 楼	
网　　址	http://www.impph.cn	
印　　刷	内蒙古恩科赛美好印刷有限公司	
开　　本	880mm×1092mm　1/24	
印　　张	8.5	
字　　数	200 千	
版　　次	2019 年 1 月第 1 版	
印　　次	2020 年 6 月第 2 次印刷	
书　　号	ISBN 978-7-204-15230-8	
定　　价	36.00 元	

如发现印装质量问题,请与我社联系。联系电话:(0471)3946120

编委会成员

序

　　北方草原文化是人类历史上最古老的生态文化之一，在中国北方辽阔的蒙古高原上，勤劳勇敢的蒙古族人世代繁衍生息。他们生活在这片对苍天、火神、雄鹰、骏马有着强烈崇拜的草原上，生活在这片充满着刚健质朴精神的热土上，培育出矫捷强悍、自由豪放、热情好客、勤劳朴实、宽容厚道的民风民俗，创造了绵延千年的游牧文明和光辉灿烂的草原文化。

　　当回归成为生活理想、追求绿色成为生活时尚的时候，与大自然始终保持亲切和谐的草原游牧文化，重新进入了人们的视野，引起更多人的关注和重视。

　　为顺应国家提倡的"一带一路"经济建设思路和自治区"打造祖国北疆亮丽风景线"的文化发展推进理念，满足广大读者的阅读需求，内蒙古人民出版社策划出版《草原民俗风情漫话》系列丛书，委托编者承担丛书的选编工作。

　　依据选编方案，从浩如烟海的文字资料中，编者经过认真而细致的筛选和整理，选编完成了关于蒙古族民俗民风的系列丛书，将对草原历史文化知识以及草原民俗风情给予概括和介绍。这套丛书共 10 册，分别是《漫话蒙古包》《漫话草原羊》《漫话蒙古奶茶》《漫话草原骆驼》《漫话蒙古马》《漫话草原上的酒》《漫话蒙古袍》《漫话蒙古族男儿三艺与狩猎文化》《漫话蒙古族节日与祭祀》《漫话草原上的佛教传播与召庙建筑》。

丛书对大量文字资料作了统筹和专题设计，意在使丰富多彩的民风民俗跃然纸上，并且向历史纵深延伸，从而让读者既明了民风民俗多姿多彩的表现形式，也能知晓它的由来和在历史进程中的发展。同时，力求使丛书不再停留在泛泛的文字资料的推砌上，而是形成比较系统的知识，使所要表达的内容得到形象的展播和充分的张扬。丛书在语言上，尽可能多地保留了选用史料的原创性，使读者通过具有时代特点的文字去想象和品读蒙古族民风民俗的"原汁原味"，感受回味无穷的乐趣。丛书还链接了一些故事或传说，选登了大量的民族歌谣、唱词，使丛书在叙述上更加多样新颖，灵动而又富于韵律，令人着迷。

这套丛书，编者在图片的选用上也想做到有所出新，选用珍贵的史料图片和当代摄影家的摄影力作，以期给丛书增添靓丽风采和厚重的历史感。图以说文，文以点图，图文并茂，相得益彰。努力使这套丛书更加精美悦目，引人入胜，百看不厌。

卷帙浩繁的史料，是丛书得以成书的坚实可靠的基础。但由于编者的编选水平和把控能力有限，丛书中难免会有一些不尽如人意的地方，敬请读者诸君批评指正。

编　者

2018 年 4 月

目录 contents

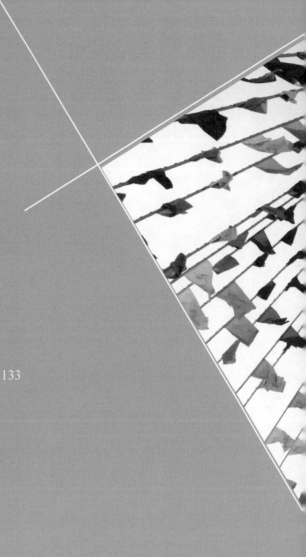

目录 contents

喜庆吉祥过春节

01

　　蒙古族同胞把春节叫作白节，正月叫作白月。白节和白月在历史和地域的背景下，曾经折射出许多五光十色的内涵。

　　白色，蒙古语"查干"，一种很单纯的颜色，在阳光下能幻化出七彩的颜色。蒙古人崇尚白色，认为白色主吉，含有高尚、祥瑞、圣洁、喜庆，甚至正直、坦诚等各种褒义。1206年，成吉思汗统一蒙古各部，在翰难河建立蒙古汗国的时候，打出的旗帜就是"九斿白纛"。他在祭祀长生天的时候，用的也是九九八十一匹白马之乳。

　　历史上的蒙古族王公贵族都把自己称为"白骨头"，把祖先的陵寝称为"白宫"，这些刻意的称谓，都是为了彰显自己或者本部族血统的纯正和出身的高贵。马可·波罗在忽必烈大汗帐下

过春节的时候，看到朝廷里的人穿的都是白衣，互赠白色礼物。即使进贡其他礼物，也要配上白布。马可·波罗在他的游记里特意提到："按他们的观念，这是吉祥的象征。"

蒙古族同胞把春节叫作白节，正月叫作白月。白节和白月在历史和地域的背景下，曾经折射出许多五光十色的内涵。

《说文解字》里对年的解释是："年，谷熟也"。这是按农作物的生长周期说的。夏历九月牧草成熟，牲畜上膘，奶水质量最佳。冬春产的牛犊、羊羔已经长大，长到一岁。既然谷子成熟被算作一年，那么草原上牧业生产刚好完成的这一个周期，就可以算作是年了。元朝以前，蒙古族人都是在草熟畜肥的九月过春节的。蒙古新历曾把入秋的九月作为岁首，因为这个月份奶量丰富，于是，就把它称作白月。蒙古族同胞也把白月称作是"乳月"。蒙古语里"查干"就是"查嘎"（酸奶）的意思，所以，白月又可以叫作"乳月"。13 世纪初，当时的元朝统治者忽必烈更改了蒙古历法，开始接受中原汉族的传统历法，在农历正月过"查干萨日"。

卡尔梅克蒙古族到了过年这天，每家都要把面和在一起，然后捏出来一个小小的盘子。再在草棍上缠上棉花，作为灯芯插进盘子里，里面注满黄油点燃，进行一系列有趣的活动。家里有几口人，就插几个灯芯，点几盏灯，好像生日蜡烛似的，到了这天，人人都会增加一岁。即使在前一天出生的婴儿，过了这天，也可以算做两岁了。这是至今草原上的许多地方还在延续和流传的风俗。马可·波罗在游历元帝国的时候惊讶地发现："'鞑靼人'把西历二月、即夏历正月作为春节。"这时已经度过了严冬，牲畜开始大量产仔，人们初次尝到了鲜奶。表明此时还是一个乳月，只不过由于民族和地域的不同，人们的理解不一样罢了。

一年的最后一天——年三十，也就是汉地的除夕，在蒙古语里是由"比图"演变而来。凡是盖了口的，没有孔的，封闭的都叫比图。一年三百六十五天，转了一圈，回到原来的地方，封闭了，就成了比图。比图一打破，就是元旦，新年的开始。白色，色之首也，白月，新岁之首也，所以，在白月过春节。还有一说，蒙古人以前用颜色观年景，"蓝主兴，黄主亡，白主始，黑主收"。正月为始，所以，就把正月称为"白月"。

在除夕这天晚上，家家都要煮一颗羊头。在平时，煮熟的羊头只有上半部分，没有下半部分，目的是为了在全羊的脊背上面放得较为安稳。而除夕煮熟的羊头，却一定要煺净毛发整煮。

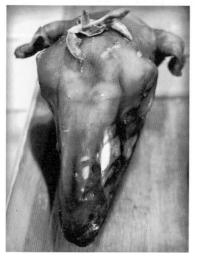

在天亮之前，辞旧迎新之际，全家人都要换上新做的蒙古袍，一家之主把整羊头搬过来说："旧的一年快过去了，卸开羊头迎新年吧！"就把羊头的上下两半扳开，嘴里填进去一个饼子，额头涂上黄油，摆到神龛前面，有些地方会供奉在院子里的禄马神台上，以此表明新年之门已经打

开。这个时候全家人就在院里点燃旺火，用圣饼、奶酪、黄油、香柏、白酒等进行"烟祭"。大人孩子每人都要给自己点一支爆竹，还要给公羊点一支爆竹，给公马点一支爆竹……

阿拉善是我国的驼乡，这里的牧民们会把公驼牵来，顺着太阳运转的方向（顺时针），环绕烟祭的神台走上三圈，往身上洒点酒，脖子上拴一条白哈达，把它放回群里，祝愿它在新的一年多多繁育仔畜。

良好的开端是成功的基础，牧民很看重这周而复始的一天，认为这一天顺了，一年都会有好运气。寓意一切从头开始，新年有新气象。牧区有句俗语：无病算福，无债即富。以前的拖欠，必须在除夕之前结清，不能拖到新年以后，这也是一切从头开始的意思。

烟祭结束以后，要把旺火上的余烬取一些带回家，点燃火撑上的新柴，火撑上的旧火要铲出去倒掉。这就一里一外需要两个人。包里那个人先问："新火莅临了吗？"门外就答："莅临了，旧火启程了吗？""启程了，现在举新火吧！"然后让长辈坐在上位，孩子们向他们一一叩头献哈达。长辈们也摸着孩子的头，一一祝福他们，送些新年礼物，之后家宴开始。这就是所谓的过新年了。

红红火火的年三十

02

察哈尔蒙古族历来把白色作为上等色、吉祥色，是纯洁的象征。也把初一这一天，看作是祈求并祝愿一年兴旺、平安、康乐的一天。因此，把正月和正月初一看得比任何节日都重要。

　　草原上的民族过去不过春节，春节是从汉族人"过大年"的习俗中逐步演化而来，蒙古族的春节虽有自己的传统特色，但总体还是与汉族节日逐步趋于一致。

　　靠近东北地区的蒙古族同胞，过春节大体分"送旧"和"迎新"。送旧是腊月二十三清洁卫生打扫家，到傍晚要"祭火"。"祭火"是源自于萨满教，蒙古族信仰喇嘛教后有所改变，牧民们把羊胸脯肉连同哈达、肉米粥、黄油、酒等做祭品，然后由长辈点燃九个小灯，并将祭品投入旺火里烧，口里诵赞词，祝福家人幸福。祭火忌用红筷子而用白色或黑色的，因为，蒙古族都认为"火"

代表着一个家族的兴旺。烧完祭品后，全家进餐。有的把剩余的祭品送给附近亲戚吃。"祭火"的时辰为黄昏时，上祭品时，男人在前，女人在后叩拜。在旧时，富裕的人家还要专门请来喇嘛祭火。

年三十是最热闹的一天，人们穿上漂亮的蒙古袍，上午要上供祭佛，在佛柜供台上摆上各种奶食、油食，摆成小塔形，上边插上特制的金银花。还用十二个小铜盅倒满白水，一天换一次水，然后点上长明灯。同时，开始贴蒙古文对联。晚上，备好饭菜后，铺好新毡，摆上酒、菜、肉，开始祭祖先。长辈嘴里念着高祖、曾祖的名字，把酒一盅又一盅地撒在地上，撒向天空。祭完祖先后，全家上席，晚辈敬酒给长辈送旧岁。全家席地坐在蒙古包中央，迎接新的一年的到来。午夜开始饮酒进餐，围坐吃饺子，俗称"黄馍馍"或"扁食"，按常规要多吃多喝，酒肉剩得越多越好，这样象征着新的一年酒肉不尽，吃喝不愁。这天，全家不论男女老幼，尽情娱乐，一直玩到天明。有的地方还要听艺人说书，通宵不眠，沉醉在欢乐之中。

察哈尔部落的春节也是在每年的农历正月初一。察哈尔人称"查干萨日"，"查干"是"白"的意思，"萨日"是"月"的意思。正月初一称作"查干萨日音希诺尼个"。察哈尔蒙古族历来把白色作为上等色、吉祥色，是纯洁的象征。也把初一这一天，看作是祈求并祝愿一年兴旺、平安、康乐的一天。因此，把正月

和正月初一看得比任何节日都重要。

初一的五更时分，启明星高高升起时，人们就开始在自家的门前祭天拜神。先由主人把早已准备好的火把点燃，把旺火点着，院中摆好供桌。这时，家庭主妇就把供品摆上供桌，男孩们忙着点放爆竹。家里人按先男后女、辈分大小次序向喜神方向磕头。同时把供品掰成一小块一小块向四方扔出。这一礼仪完成后，人们回到屋里，开始进行家庭内部的庆贺新春仪式。

这一礼仪有两种形式。其一是单独一家进行，其二是同宗几家合在一起进行。无论用哪一种形式进行，都要遵守按辈分大小定次序。（大年初一识大小一说就是这个意思）。先给家祭的神佛点香、燃灯、叩头，然后给长辈们敬哈达、叩头、对交鼻烟壶（未结婚的人不使用鼻烟壶）。而后，人们按辈分、年龄分别入座。家庭主妇先给人们敬奶茶，端上各种精美的食品茶点，大家品尝。其中设有一个看盘，盘子里堆砌的食品是最精美的。这盘食品是只准欣赏不准吃的，人们还必须首先对这盘食品作一个品尝的动作。端上这个看盘是对人们的尊重，当然不能等闲对待。大家吃过茶点后，家庭主妇就安顿开始敬新年酒，次序同敬哈达行礼一样。敬酒的时候，男子必须戴帽子，女子要戴头饰（已经结婚的）。敬完酒大家品尝新年的第一顿饭，一般人家准备的是小饺子（蒙古族平常吃的一般是大饺子，叫蒙古饺子）和简单的下酒菜。待客的最后一道程序，是给小孩们压岁钱、糖果、鞭炮等。（有的人家在敬酒的同时，给孩子们压岁钱）。家庭贺年礼结束后，人们从有声望的某一家开始，给全嘎查所有人家互拜新年，不分贫富，不分尊卑。

每年的农历正月初一被看作是一年讨吉利的日子，人们要进行"出行礼"。男人们穿上新衣骑上马，朝喜神方向走出百步之外，点香、燃放爆竹，然后，从福神方向返回家中。家里的人要向出行的人问好，同真的出门回来一样对待。探亲访友是察哈尔蒙古族春节期间十分讲究的礼节。尤其是探望长辈，是春节期间最为重要的事情，并且讲究越早越好，因为，通过拜新年表明对长辈孝敬的诚意，老年人在春节也盼望着晚辈们来探望。给长辈拜年还要带一些礼品，如糕点、烟、酒等，包装上还要贴上方形红纸。这同当地汉族的礼仪基本一样。如果家里有了白事，那就不能贴红纸了，这同贴对联一样，讲究孝道。姑娘们给长辈拜年时要敬献自己缝制的扣条子。探望已出嫁的姑娘时，拿的礼品中很讲究带大油炸饼，当然，这是20世纪60年代之前的习俗，现在人们的生活富裕了，也基本上不带大油炸饼了。之后从正月初六开始，亲朋好友之间互相请客吃饭。宴席间说唱、猜拳行令，席前或席后玩骨牌，打麻将，热闹非凡。过了正月十五，新年的气氛才渐渐由浓变淡……

祝福吉祥的祭祀礼

03

除夕是闭合之日，也是团圆之日，外出的人都会赶在这一天前回到家里团聚。

除夕夜守岁也是蒙古族的习俗，除了小孩其余人整夜不眠。除夕这一天还有许多忌讳，如不串门、不争吵、不谈不吉利的话题、不打牲畜等。

除夕傍晚，要举行祭祀祖先的仪式。当天黑之时，在离家稍远处找一块干净的地方燃起一堆篝火，把事先准备好的食物德吉——酒、肉、包子、点心等投放在火里，以其火烟献祭。户主

和主妇领着男性家庭成员向火的方向叩头，祈祷祖先在天之灵在新的一年里保佑全家人。来家的客人、外甥不能参加这个仪式。

除夕是闭合之日，也是团圆之日，外出的人都会赶在这一天前回到家里团聚。因此，除夕的午夜饭以吃完整的羊头（未卸开颌骨的）、包子、饺子等具有完整外形的食物为吉利。全家人欢聚一堂，享用团圆饭，弹琴奏乐，尽情欢乐。除了自己吃好喝好以外，人们还要把家畜、狗、猫等喂饱，因为，这是来年丰收的象征。

大年初一进行的第一个重要仪式是祭天。在家或包的西南或东南方，用沙土堆起的离地高出半米左右的祭坛，在前一天就要搭好。初一凌晨，天刚蒙蒙亮的时候，一家男女老少在主祭人（一般为户主）的带领下参加祭天仪式。祭坛前摆设一桌，其上放置羊背、各种白食、糖果、茶酒等。首先，在祭坛上点燃火和卓拉（佛灯）。主祭人用特制的献祭勺（一般为九眼勺）向天献祭，大家在祭坛周围铺好的毛毡上向天叩头。主祭人诵读《伊金商》《苏利特因商》等祭文后，人们手捧招财箭、招财袋、招财桶以及盛肉的盘、盛酒的瓶子、盛茶的壶等呼唤："呼瑞！呼瑞！呼瑞！"他们召唤的财运内容涉及牧人生活的诸多方面，无所不包。最后主祭人问："福禄财运到否？"大家齐声回答："到了！"这样祭天仪式便告结束。

初一早晨全家人拜年。辈分小的向辈分大的，岁数小的向岁数大的手捧哈达行拜年礼，互致新年的问候。拜年时长辈对后辈致春节祝福词。

初二在蒙古人看来，是一年当中最为吉祥的"巴拉吉尼玛"日子，意即"万事成功的日子"。因此，学生、文人在这一天开始阅读和写作，家庭主妇则给她们的针线活开个头，大家都为新一年的工作剪彩，以期成功。初二晚上，人们观赏月亮和星星，认为这样能使人在新的一年里朝气蓬勃，心想事成。

初三是老年人聚会的日子。平时很少参加娱乐活动的老年人会在这一天聚在一起，接受后辈人的招待和祝福，享受节日饮食，尽情叙旧，相互致以长寿欢乐的祝贺。

平时，蒙古人尊称北斗七星为"道兰布尔罕奥都"（七颗神星），经常对其献祭。初七夜晚，当北斗七星刚刚闪烁在天空之时，人们就在家门口摆设祭台，焚香、点燃佛灯，把食物的德吉献向七星，祈祷保佑健康无忧，剩下的食品作为七神星的恩赐分给每个人品尝。

在春节期间，人们穿着漂亮的衣服，骑着健壮的马，成群结队地串门拜年，尤其是年轻人特别活跃。首先要到辈分高的、年纪大的人家去拜年。不管平时来往多不多，关系好不好，凡是周围的人家，春节期间都要互相拜年。

为老年人做"那森巴雅尔"（祝寿）及"吉乐奥入勒乎"（纪念本命年）也是春节期间的重要项目。家有 70、80、90、100……岁老年人的家族准备喜宴，请亲戚好友、邻里同乡来一起祝寿。祝寿喜宴和婚礼大宴相似，接受客人们敬赠的礼物，也向客人敬规定数目的酒，这中间往往伴有歌手献艺。本命年每隔 12 年一次，即 13、25、37、49、61、73、85、97……岁为人的本命年。蒙古族人认为，本命年是一个人从其生命的一个周期向另一个周期过渡的年份，因此身体在其本命年里相对比较脆弱。一般来讲，13 岁和 61 岁以上的本命年比较受重视。祝寿是对高龄人长寿享福的恭贺，而本命年纪念，则是对正在跨入其新的生命周期的人的关怀、激励和祝福。

踩着福路去拜年

04

在有些蒙古族部落中间还有一个习俗，除夕不强调守岁，但是，大人孩子一定要吃饭。据说睡熟以后，天神要下来称每个人的体重。如果吃得少了，体重不够，天神就可能一把将你抓走。

每一年的春节，草原上的牧民们都要给蒙古包盖上白顶，包里铺上白毡，吊上白帘，甚至奶桶、酒具之类，都要涂上白色，或者挂个白布条儿。象征纯洁吉祥、喜气盈门。初一拜年的时候，要穿白袍，骑白马，怀揣鼻烟壶，腰掖白哈达。见人先问好，入包尝鲜奶。天随人意，在这个时节的蒙古高原，通常是冰天雪地，白雪皑皑。

除夕晚上，巴尔虎部落要在自家门前的西南高地，堆一座洁白的雪敖包，拜天祭神就在雪敖包上进行。回家时要带上三团净雪，放在蒙古包门头上。老年人讲，除夕晚上佛祖要下人间视察，一个晚上要绕赡部洲三圈，走那么远的路，佛祖的坐骑会很渴，所以，要吃下这

三团净雪止渴。也有的说，这雪是给佛祖进家时辟邪除垢用的。

春节这一段日子有许多良好的风俗，都与讲究吉利有关。比如，家里家外要打扫干净，连水井、羊路都不留一点污垢。不能生气吵架，不能打骂孩子，不能酩酊大醉，不能让客人空手出门，连猫狗都要喂好，不要无端吠叫。在有些蒙古族部落中间还有一个乡俗，除夕不强调守岁，但是，大人孩子一定要吃饭。据说睡熟以后，天神要下来称每个人的体重。如果吃得少了，体重不够，天神就可能一把将你抓走。所以，这里有个规矩，大家吃饱蒙古包子以后，不解腰带，团团身子睡觉。这样天神来称体重的时候，把钩子秤往腰带上一挂就行了。话是这么说，可是谁也没见过天神，也没有被抓走过，这大概也是为图吉利"除夕吃饱，一年有福"吧！

大年初一开始，每家牧民的桌子上，都要摆上四个盘子：两盘是篦形馓子，叠垛七层，上放糖果，这是吃盘。两盘是模子脱的圆饼，也是七层，顶上放两枚或四枚红枣，这是看盘。看盘看盘，顾名思义，就是准看不准吃的。大年初一，蒙古人讲究走出家门，名曰"踩福路"，是指按某个吉利的方向，到附近亲朋好友家骑马拜年，开启一年出门行走的祥瑞，蒙古语称为"木日嘎日呼"，是一种含有吉祥意味的说法。

踩福路的人，都争一个"早"字，往往天还没亮，就听见銮铃哗哗地响，有马蹄伴随颠碎的歌声由远而近，那就是踩福路的人来了。孩子们赶紧迎出来："阿穆尔（祥和）"深深行一个半跪礼，看狗、拴马、帮着背褡裢……

客人进家，腿一打弯儿，先向端坐正面的老者问："新年好"，老者摊开右手："好好，你们也过年好"，客人如系晚辈，要向长辈叩三个头，交换哈达和鼻烟壶。如系同辈，只交换哈达和鼻烟壶，叩头就免了，之后上炕落座。一落座，这家主妇就过来，给你尝奶、端茶。这就是尝新茶。里面撒几颗炒米、数粒奶酪，倒得也不满。客人接过茶碗，礼节性地喝几口放到桌上。主妇就把看盘给你端来，你千万不能吃，只从顶上取枚红枣，抠下三小片，向天扔一片，向地扔一片，向自己嘴里扔一片。再把剩下的大半红枣放回原处，让她搁在桌上好了。

这时客人下地，说声"盘子"，主妇就取来一只盘子，里面多少放点儿奶食糖果之类，忌空盘。客人接过，按三、二、一的层次在里面放六个饼子，顶上放两枚红枣，让主人尝鲜奶，说声"扎，新年的德吉"，连盘子放在桌上。主人把上面的枣尝一尝，交给主妇收起来了。客人又从裸裸里取出六个饼子，放在另一盘子里，顶上放两块糖："扎，孩子们的份儿！"这家最小的小孩子便跑过来，半跪行礼，把盘子恭恭敬敬地接过去。

这套礼数走过，客人二次上炕，稳稳地坐了喝茶。主妇把茶碗接过去，倒出刚才的冷茶，放上炒米、酪蛋、酥油、饼子，满满一碗端给客人。客人不够，可以随意从吃盘里补充，但不能触动看盘。如此吃喝一阵，主人又敬上酒来，一次三杯，起码三次，又是新年三杯、进门三杯、新火三杯，名堂很多，你都得喝。客人就是再无酒量，那新年三杯也得喝下去。如此九杯过后，才操起乐器，放开歌喉，主客打成一片，欢歌畅饮。喝到酒酣兴浓，有人便夸起自己的马来。别人不服，就到外面草滩比赛一阵，是为插曲。酒宴进行到一定的时候，客人就唱道："银器是锻打的，永恒是虚假的。天降的雨总要停，登门的客会散的。"主人便挽留道："羽毛洁白的天鹅，落在苇淖里戏水漫游。远方的贵客登门，住上一两天玩够再走！"一面端来酸奶稀饭氽饺子，让客人吃得饱饱的。临走又往褡裢里装六个饼子，是为回礼，全家人再把客人送上马。

　　大户人家，初一客人一天不断，吃盘里的馓子没了添上，一天消耗许多。只有看盘里的饼子没人打动，顶多再添几枚红枣。如果主人不换，可以放一正月。

05

内蒙古大部分地方，都是在腊月二十三这一天祭祀火神（即灶神），少数地方则在腊月二十四进行。据说，因为有一次一些部落因长途迁徙，推迟一天到达目的地而延误了祭火日子，于是，便形成了这样的习俗。

蒙古族的先民们很早以前就发现了火，使用了火，对火产生了崇拜意识，一直将火作为生命、财富、力量和兴旺的象征，虔诚地祭祀火。草原上的牧民和猎民们都有崇拜火的习俗，这是因为他们的祖先，都笃信具有自然属性和万物有灵观念的萨满教，认为火是天地分开时产生的，于是，对"渥德嘎赖汗·额赫"（火

神母）更加崇敬。一些地区的蒙古族人自腊月二十起便开始祭灶，但大多数蒙古族人在腊月二十三或二十四进行祭灶。 祭火是春节的前奏。在这个节日前，蒙古人还要挂出崭新的风马旗，象征在新的一年里，全家人将意气风发、万事如意。除此以外还要尽量送还借来的钱物，忌讳把债务带入新年。祭过火后，在整个春节期间不事借贷。

春节到来之前，人们去看望长辈亲属，送旧年饭酒，请安致喜。如果亲戚朋友或邻里家有人故世的，还要去表示慰问。

像扫除旧年的灰尘一样，蒙古族人特别重视在新年心理上的健康愉快和亲朋邻里间的和睦相处。如在过去一年当中和他人发生过相互抱怨的事，春节前要主动与对方联系，互相敬烟，失礼一方表示道歉，双方和好如初，愉快地共度佳节。

　　内蒙古大部分地方，都是在腊月二十三这一天祭祀火神（即灶神），少数地方则在腊月二十四进行。据说，因为有一次一些部落因长途迁徙，推迟一天到达目的地而延误了祭火日子，于是便形成了这样的习俗。祭火神的主要祭献物，是煮熟的山羊胸骨、五彩布条、阿穆苏（奶油粥）、酒、点心、草香、茶叶、干红枣等。先清除掉火撑子里的灰烬，为火撑子换上新的火台，点燃新火，周围点燃四盏佛灯，然后主祭人诵读祭火词，同时把祭献物慢慢放进燃烧的火灶里。祭火词里说道：

　　　九十九天神创造的火种，

　　　也速该祖先打出的火苗，

　　　圣主成吉思汗燃旺的火灶，

　　　众蒙古部落承袭的遗产……

　　　祈求火神保佑我们全家，

　　　赐予健康、繁殖、财富和美好的前程！

　　众人挥舞着双手做出召唤财福的动作说："呼瑞！呼瑞！呼瑞！"，然后向火灶叩头。

祭火分年祭、月祭。年祭在阴历腊月二十三举行，届时，在长者的主持下将黄油、白酒、牛羊肉等祭品投入火堆里，感谢火神爷的庇佑，祈祷来年人畜两旺、五谷丰登、吉祥如意。月祭常在每月初一、初二举行。此外还有很多有关火的禁忌，反映蒙古人对火的崇敬，如不能向火中泼水，不能用刀、棍在火中乱捣，不能向火中吐痰等。

火崇拜属自然崇拜，与天、地、山、水崇拜同样古老。蒙古族人的火崇拜和北方其他古代民族的火崇拜有一定的联系，从火崇拜发展而形成的灶神崇拜，具有了氏族、家族神的社会内容。腊月二十三的灶神祭祀，是进入阶级社会自然神分化以后出现的礼仪。此外，在祭祖、迎宾、婚礼中也要举行祭火礼仪。

与汉地的风俗不同的是，草原上人们崇信的灶神爷是一位"女性"。既是女的，称"爷"就不适合。蒙古语叫"嘎勒涅宝日罕"，就是灶王奶奶的意思。叫奶奶，其实也不老，千百年来就那么年轻。她一年三百六十五天都生活在牧民家，只有腊月二十三、二十四回娘家走一趟，汇报这一家人一年来的所作所为。主人家为了让她"上天言好事，回宫降吉祥"，就拿最好吃的东西为她饯行，这就有了祭灶。

灶王奶奶最爱吃什么？牧区的蒙古人给走娘家的姑娘吃胸茬，所以也给灶王奶奶吃胸茬。这种胸茬，冬天在小雪、大雪时令中间卧（宰）羊时就准备好了，上面专门留一块皮未剥，表示奉献的仍是一只全羊。不过，灶王奶奶吃不了一只羊。甚至也不吃胸茬上的肉，只闻闻烧胸骨的味道就够了。她特别挑剔，你剥肉的时必须用毛巾（当时尚无口罩）捂住口鼻，不能把热气呼到胸骨上，否则她就不吃了。除了胸骨跟一大堆附带物以外，还有一菜一汤一饭：煮胸茬时连肥肠、大肋、长骨、胫骨也煮进去，捞出来连胸茬上剥下的肉都放在召福斗里，是为一菜。剩下的肉汤，把上面的油撇出去，盛在木碗里，称为"哈利木"，是为一汤。撇过油的汤，再倒进大米、糜米、酪蛋、葡萄干、红枣、黑糖，煮成一大锅粥，称为"灶饭"，是为一饭。

祭灶的一切事务必须在白天准备就绪，晚上星星出来后正式开始，主妇把蒙古包打扫得干干净净，满地铺上白毡和栽绒。全家老小要穿上新衣，妇女们戴上亮闪闪的首饰和帽子。火撑的四个角上，点上四盏酥油灯。男主人先用火镰击燃火种，把它递给主妇。主妇用它把火撑里早已架好的柴薪点燃，等火势起来以后，唱诗般地吟起《祭灶词》：

"灶王奶奶您老人家，

从今年的此时，到明年的今天，

保佑我们家里人丁满，

浩特牲畜满。不要有灾灾病病，

不要有三长两短，

老少长命百岁，

个个健康平安……"

念到相应的内容上，男主人便站起来，将胸骨头朝北，凹面

朝上投进火中。其余成员，都仿照他的做法，把手中的菜、饭、汤等各取少许，洒在火上。然后互换供品，再取再洒，使每个人能把所有的供品祭洒一遍，气氛显得忙碌而又热闹。

有的人家还要把灶饭抹在火撑腿上，因为，灶王奶奶喜欢多嘴多舌，给她嘴上抹画抹画，她就报喜不报忧了。这时候女主

人早就腾出手来，用那把大勺子挖上酥油，一勺一勺地往火上祭洒。灶火见了油，立刻噼噼啪啪燃烧起来，火苗蹿出天窗老高，往往数十里之外都可看见。火光映着酥油灯，包里一片明亮。一股燃烧骨、肉、油、奶的氤氲之气，把大家笼罩在半人半仙的境地。一家人对着大火三拜九叩，而后退到桌边，序齿落座。每人盛一碗灶饭，先不吃，由男主人带头举起召福斗，带头念道：

　　"生长的五谷的福气，

　　奔跑的五畜的福气，

　　呼瑞呼瑞！

　　鬃好的公马的福气，

　　奶好的乳牛的福气，

　　呼瑞呼瑞……"

　　他一边念，一边用手举着召福斗，在头上顺时针旋转。别人也群起仿效，旋转手中之物，接着他尾音念"呼瑞呼瑞"，最后，把召福斗放到神龛前面，这才开始吃灶饭，享受灶王奶奶的口福。

　　灶王奶奶二十三、二十四上天以后，要到除夕晚上才能回来，这段时间人间没人管理，牧民称为"无主的七天"。清朝时，在王府里任职的大小官吏，在这一天，就都放了官假回家过年。直到今天，如果谁要在腊月二十三、二十四时回不去，那口福就会

给他留到大年三十，就是过世的人，也要给他留一份。因为，这
不是一般的饭，含有接续这一家族香火的意义。虽然，它的实际

代表不过是四条腿、三道箍的铁火撑，但蒙古人把它看得很神圣，认为它上面的火是"自古不熄的香烟，祖先热烈的呼吸。一年四季不让熄灭，游牧途中带在身边"。

灶王奶奶不仅给一家人带来光明和幸福，还用她温暖的怀抱把一代又一代的孩子养育成人。外族嫁过来的姑娘，只要给灶王奶奶一磕头，就得把姑娘辫梳成媳妇头了，成了家庭的一员。元朝皇帝奖励牛过千头的牧民，不用金银财宝、长袍马褂，而是一个精致的钢火撑，取其家庭兴旺、福寿绵长之意。灶王奶奶还有个脾气，"一肚生下七八个，偏偏爱把小的亲"。在蒙古族习俗里，家产一般都是由最小的孩子来继承，成吉思汗把汗位传给窝阔台之后，他名下的财富就是由幼子托雷继承的，所以蒙古人又把香火称为"敖特根嘎勒"——即老儿子的香火。

祭灶习俗是蒙古族人民精神文化的重要遗产，这一传统一直延续至今。在《元史》中提到，忽必烈汗制定了祭奠礼仪，其中包括祭灶礼仪。忽必烈汗崇尚儒学，是第一位主张将汉族文化引入蒙古地区的皇帝，汉族有些易、卜、说、教颇受忽必烈汗的推崇，因而让其在蒙古地区推广。祭灶礼仪，除了含有上述文化含义以外，还反映了向祖上献年终祭奉的心愿，祈祷幸福，向火神祈求生育子女、保佑平安等内容。

忽必烈汗尊孔崇儒倡导汉学

初七夜里祭七星

06

如果说春节祭灶是序幕，除夕是高潮，那么初七便是尾声了。

每年正月初七夜，蒙古族牧民要祭北斗七星。因其礼节规格较小，故俗谓过小年。如果说春节祭灶是序幕，除夕是高潮，那么初七便是尾声了。

在草原上的茫茫黑夜里行进，牧民们常常要依靠天空中的北斗七星来辨别方向，游牧的蒙古民族素来对其感情甚笃，把北斗七星亲昵地称为"七个老汉"，或将其拟神的称为"七位佛爷"。关于这"七位佛爷"，草原上还流传着一个有趣的传说：说是有一位天神，骑着八蹄细腰白骏马，从天上来到人间游逛，看见一个人把大山当作毽子，一上一下踢着玩。天神问他："你愿意跟我一块儿走吗？"那人说："我有那个心意，没那个骑乘。"使者就用一根马尾巴变成一匹骏马，让他骑上一同出发了。他俩正走着，遇见一个撵黄头（黄羊）的人，把黄头捉了放、放了捉的撵着玩，他俩又和他做了朋友，接着他们又结识一个偷拔喜鹊翎而不被鸟儿觉察的人，一个能听到天上、人间、地下和人、鬼、神等各种动静的人，一个张嘴就能吞吐海洋的人，一个开口就能吞吐火焰的人，七个人彼此结伴，成了好朋友。

　　正值草原上的可汗举办那达慕大会，七位好朋友结伴去参加。
那达慕大会上，七个伙伴里把山当毽子踢的人赢得了摔跤冠军，
追赶黄头的人获取了赛马的冠军。这让心胸狭隘的可汗心里很不
舒服，他认为这些外乡人挑战了他的权威，于是，打算在聚会晚
宴的时候把他们毒死，结果被那位耳听三界的人识破了，于是，

伙伴们让那位拔喜鹊翎的人，把盛有毒酒的杯子调换了位置，结果可汗弄巧成拙，自己手下的七个心腹被毒酒毒死。恼羞成怒的可汗带领手下抬着七人的尸体退出会场，派人在宴会厅四周架起火来，打算把七个好朋友烧死，却被那个开口能吞吐火焰的人把火吞没了。可汗又带领精兵强将捉拿他们，却又被那个能吞尽海水的人张口吐出的滔天巨浪全都给淹死了。

惩治了黑心的可汗，七个伙伴便乘着彩虹上了天，化成了北斗七星，俗称"七个老汉"或"七位佛爷"。到了初七星宿全了的时候，牧民便在神台前面，依照七星的格局，在地上垒七个沙土堆，面朝土堆摆一张供桌，桌上放两个木盘，一盘放圣饼奶酪，

一盘放羊头羊尾。旺火点燃以后，主人将火挖上，一一放在那些土堆顶部和禄马的神台上，将香柏粉和供桌上的物品撒散一些在火上。全家老少跪下，向七星和神台各叩三头，这就是祭七星。祭七星时，还要敬献"珠拉"（即佛灯）：取一肘高的芨芨草81根，各用棉花缠裹起来，在酥油中蘸过，捆作一束，外包三张黄表、三张白纸，这就是"珠拉"。再将自家舂米的碓臼，充以净沙，置于神台西侧。给七星和神台叩头时，要先将佛灯点燃，由家长将其捧在手中，然后，将其

插在碓臼的沙土中。这时，要放一通鞭炮，吹一阵螺号。这号声常常与附近祭七星的螺号相呼应，在静夜中能传得很远。祭过七星，家长带头端起盛有五谷的木盘，别人也将供品和桌子搬上，围着七个土堆喊道：

长着的五谷的福气，跑着的五畜的福气，呼瑞呼瑞！鬃好的公马的福气，奶好的乳牛的福气，呼瑞呼瑞……

年幼不会念的，单接大人们尾音念"呼瑞呼瑞"，自觉好玩有趣，碓臼里的"珠拉"，便任其燃尽自灭，次日辰时才移回家中。

繁衍多多兴畜节 07

每年的这一天，是这些羊倌、牛倌、马倌和驼倌们最神气的日子，不论年纪大小、辈分高低，都要被请进中央的大帐篷里，跟那些德高望重的乡间父老并肩坐在一起。

蒙古族是游牧民族，对牲畜就像家人一样爱护。正月里人们过春节的时候，也不忘给牲畜过新年。兴畜节在蒙古语里称"玛力音新敖如鲁呼"，也可译作"迎春宴会"，是蒙古族牧民很早就有的传统习俗。这一节日没有固定日期，大体在正月和清明前后。以每个村落为单位，预期举行。到了日子，男女老幼呼朋引

伴聚集在野外，支帐幕设锅灶，将所有牲畜赶来，查看膘情，研究春天接羔接犊的问题，给肥壮的种公畜挂彩。然后，举行摔跤、说书、唱歌、好来宝等娱乐项目和一些简单的宴会，欢庆节日。

苏尼特模式：除夕这天，苏尼特一带要像打扫居室一样，把羊圈、牛栏打扫得干干净净，把牲畜都赶回来，喂饱饮足，然后，在羊圈的正中央，四四方方控出九块羊砖（踏实的羊粪层），搬到浩特东南——太阳升起的方向垛起来。这就是"堙德尔"。启明星上来以后，全家男女老少穿得崭新，来到"堙德尔"前，把好吃好喝摆上，焚燃九炷香，将新茶、黄油、饼子向天地间泼散一番，对着新年的太阳磕上三个头。这就是祭天，从另一个侧面也反映了游牧民族对大自然和新生活的热爱。

起过羊砖的地方，露出个四方坑儿，这就是"羊席"。羊席上拢一堆火，把香柏叶、黄油、饼子等撒上去，插上几炷香，让羊儿们闻闻它们燃烧出来的芳香味儿，这就算过年了。对于群里的公山羊和公绵羊，还要特殊优待。孩子们总是争先恐后地跑过去，扳着犄角把它们拉到羊席跟前。大人们就端来一只盛着黄油、鲜奶、奶酪的银碗，硬是把它们的嘴扳开，把碗里的东西喂进去一些，脖子上系一条哈达，脊背上撒些黄米，有板有眼地吟唱道：

形态如盘羊，威武似大象。大角头上盘，肥尾臀上长……用美味和佳肴，抹画这洁白的公绵羊……到繁殖的季节，产出千万只羔羊。到来年的春天，生出无数只羔羊……在风中吹不走，在雪里不迷向，天旱不炸群，雨涝也无恙……愿我有福的牲畜，滋生得像黄米一样！

而后把它们放回群中，随即泼点奶茶。这就是抹画公羊，用吉祥的言辞祝福牲畜繁衍。

抹画公羊以后，就把圈门打开，牧羊人牵出坐驼来，准备赶上羊群出牧。女主人跑出来，端上满满一盘奶食，送给牧羊人。奶食有白油、黄油、酸油、奶豆腐，还有饼子和其他熟食，通称"米列德斯"，就是抹画公羊的食品。牧羊人张开过滤酸奶的袋子，让女主人把"米列德斯"倒进去，扎住口儿，挂在高高的驼峰上，便顺着驼脖子爬上去，优哉游哉跟在羊群后边出场了。初一出门拜年的人，远远看见羊群过来，便赶紧跳下马来，给牧羊人拜年。牧羊人也不滑下驼背，给来人尝米列德斯。如果是小字辈，就在驼身上把"米列德斯"赐给来人。尝过"米列德斯"的客人，要绕过羊群走他的路，不能从羊群中间横穿而过。

晚上放牧归来，主人要早早迎上去："初一羊吃得稳吗？"牧羊人总是说："羊吃得很稳"。说着把酸奶口袋摘下来，跟主人进了家，把它挂在哈那（蒙古包里的架木）头上。三天以后，主人将它取下来，倒进木盘，作为"牲畜的福祉，祖先的恩赐"，端给左邻右舍分享，还要饮酒唱歌热闹一番。

酸奶袋子，是做奶酪时过滤清水用的，一年四季不知有多少奶豆腐从它那里出来，似乎是个聚宝盆。酸奶还能起曲种的作用，

取一点可以生发很多，有发扬光大的意思。

克什克腾旗模式：克什克腾旗的蒙古族人，在正月尽二月初才给牲畜过新年。日期也不固定，需要事先约定。男女老少早早起来带上食物、帐篷，集中到一个水草丰美、环境幽雅的僻静之地，搭起帐篷，支起锅灶，张罗烧火做饭。放牧的人则赶着各家的牲畜，从四面八方向这里靠拢。快走到跟前的时候，孩子们就迎上去，接过他们的牧鞭或套杆，替他们照看牲畜去了。

每年的这一天，是这些羊倌、牛倌、马倌和驼倌们最神气的日子，不论年纪大小、辈分高低，都要被请进中央的大帐篷里，跟那些德高望重的乡间父老并肩坐在一起。事先要公推一个管总务的，蒙古语叫"尼尔巴"。尼尔巴一声"熬茶"，各人就把从自家带来的已经捣成粉末的砖茶，纷纷倒进锅里。一声"炖肉"，大家又把从家里带来的肉扔进锅里……这些锅都很大，孩子们站进去都看不见脑袋，这是名副其实的大锅饭！熬茶炖肉的工夫，

人们就把从家带来的五花八门的奶食、长长圆圆的饼子、大大小小的瓶酒，在牛羊倌们和父老面前摆了一桌。这么多好吃的东西先不能吃，要各取点样品向高天大地、四面八方泼酒，而后大家才可以动口。

当肉快炖熟的时候，刚才那些照看牲畜的孩子，就把奶多的乳牛、驹多的母马、公羊、公驼这些"牲畜的代表"牵来，让父老或牛羊倌们在每只头上或额上抹画一点黄油，祝福一番："愿你成为万只羊的头，千头牛的首！"还要把头羊脖子上的旧布条取下来，换上去崭新的。这时大家才可以不放刀地吃肉，不停杯地喝酒，

热闹一番。这中间往往穿插一些赛马、摔跤、射箭等小型比赛来活跃气氛。这天吃剩的酒肉饭菜和奶食饼子，要作为"牲畜过年的口福"，分发每户每人享用。遇到不能去野外给牲畜过新年的人，其他人就把他的心意和食品都带过去，别人也要把他那份"口福"给带回来，这就应了一句俗语："大家都吃畜牧的饭，畜牧的事情大家办。"

给牲畜过新年，要整整进行一天，早上出去，很晚才会回来。

没去的见了回来的人就问："过年好吗？"对方总是回答："好好"。实际上这个话在大年初一就讲过了，这是指给牲畜过年说的。另外，在巴林等地，牧民们对此节日也是相当的重视。

在我国古代，家家都讲究人丁兴旺，但对于草原上的牧民来说，畜群兴旺也是一样的重要，因为畜群是他们赖以生存的根本，如果没有它们，草原将失去应有的生机活力，草原上的牧人也将成为无米的巧妇，不知怎样为炊。所以，让我们也用牧民们的一句颂词，来祝福这些淳朴的草原牧民："抹画这洁白的公绵羊……到繁殖的季节，产出千万只羔羊"。

牧业庆丰马驹节

马驹节的祭酒仪式，往往由一位德高望重的长者主持。他将妇女们挤下的鲜奶，用一种带柄的杯儿舀出，从正北开始向四方泼洒，每个方向泼洒九九八十一杯。

　　马驹节是蒙古民族庆贺牧业丰收的节日。一到仲夏时节，茫茫草原就像是被精心梳理了一番，天空湛蓝高远，大地碧绿辽阔，一大群在春天里降生下来的马驹和羊羔们，奇迹般地闯入了这个世界。在漫天冰雪的奔波疲累中挣脱出来的牧民们，望着这成片成片在绿色原野上移动着的劳动成果，那些为抗灾保畜所付出的辛劳，仿佛都已经成了很遥远的事情。于是，他们就以自然村落或地域为单位，来到一个能够举办"男

儿三艺"（赛马、摔跤、射箭）的地方，尽情地自娱自乐。这就是每年夏历五月十五在鄂尔多斯等地流行的马驹节，蒙古语又称"珠拉格"盛会。

马在草原五畜（马、牛、驼、山羊、绵羊）中地位最为崇高，它飞驰的铁蹄曾经耕耘过历史，耕耘过疆土，把光荣和强盛带给蒙古民族。它不仅是古代最快最好的交通工具，而且有通悟人性、忠实主人等一般牲畜绝少具备的品格。千百年来，蒙古人把骏马看作极其高贵的牲灵，爱它，敬它，美化它，神化它。珠拉格盛会，自然也是用马作代表的。每家总是把最好的母马和马驹，牵到珠拉格会场，然后把它们分开，拴在长长的练绳上，让来自不同地方的牧民们互相观赏。

马驹节开始前，要选几位有儿有丈夫且干净利落的育龄妇

女，把母马的奶挤满一桶，交给主持者向天地祭洒。那些牵来马匹的主人，往往将此看作是最为吉祥的事情，争着让挤自家的马奶。

马驹节最高兴的，自然是孩子们。他们不仅能在这里见见世面，认识一些和小伙伴，更能展示一下各自精湛的骑技。如果说那些活蹦乱跳的小马驹，向人们展示的是牧业丰收的话，那么这批矫健活泼的儿童，展示的则是人才的丰收。有好马的人家，往往在马驹节的前一个月就忙碌起来，按照严格的程序，调节马的饮食起居，使其身轻体健，奔跑如飞。还要请专门的骑师指导孩子，作临赛前的预演，教给他控制骏马的奔跑速度和最后冲刺的艺术。

马驹节的祭洒仪式，往往由一位德高望重的长者主持。他将妇女们挤下的鲜奶，用一种带柄的杯儿舀出，从正北开始向四方泼洒，每个方向泼洒九九八十一杯。洒完以后，宣布赛马开始，家长便骑马在前，带领自己的小骑士，沿会场驰跑三圈，把他们向会场相反的方向送出去。骑马的孩子，单衣赤脚，只在头上扎着各色的长巾，飘逸着一股野性的潇洒。赛场骏马全速奔驰，犹如一阵旋风卷过，使人联想起骁勇的祖先。

除了赛马等"男儿三艺"以外，马驹节自然也有牧区特色的盛宴。宴席的开支，全是与会者根据牲畜多寡和整年丰歉，自动用实物凑起来的。牧民总认为这是祥和吉利的事，应当把丰收的第一批奶食、肉食与大伙分享，所以往往拿出很多。从前的马驹节，

要支起一口一人深的"曼金陶高"（大锅），里面可煮三头整牛的肉，谁碰上谁吃。

　　参加比赛的优胜者都有奖品，一般是砖茶、绸缎、布匹等物。尤其是赛马，通常都要取够十名。不过这第十位，并不是第十个跑来的小骑士，而是跑在最后的那位。蒙古族牧民认为，跑在最后的人，把大伙的福气全都收了回来，因而也奖之有名，受之无愧。奖赏的时候，要举行隆重的仪式，先把这十匹马拉到会场前面，依序一字排开，小主人牵马站在各自的马头跟前，由一位专门的祝颂人把鲜奶涂抹在它的额上、鬃上、尾上和主人的马鞭上，拉开抑扬顿挫的腔调，高声吟道：

　　　　金鹿再快，难步你的后尘；黄羊再速，不能与你并肩。奔腾的地方清泉喷涌，翻身的地方红花开遍，歌手看见你放声歌唱，琴师看见你拉响琴弦。

　　　　这种马赞很长，很好听，要一匹一匹地祝赞过去……

09

佛灯节里吃佛灯

随着黄教在蒙古族地区的日益兴起，这一节日便在民间流行起来。每到这一天，各喇嘛庙都会集会念经，等到夜间星星都在天空中闪亮之后，开始点燃千盏佛灯。

每年的十月二十五日，是黄教创始人宗喀巴圆寂升天的纪念日，每到这一天，僧侣众生都燃起佛灯，纪念这位宗教界伟人，于是，渐渐地形成了一个固定的节日——"佛灯节"。所以，这

个节日在某种程度上，是起源于宗教的节日。

　　随着黄教在蒙古族地区的日益兴起，这一节日便在民间流行起来。每到这一天，各喇嘛庙都会集会念经，等到夜间星星都在天空中闪亮之后，开始点燃千盏佛灯。在民间，每家每户也都在星星布满天空以后于佛前点灯，用新鲜黄油供佛，预备甘美的"阿木斯"（祭火饭）吃，并赠给邻里。

在卫拉特蒙古部，每到这一天，在一个浩特里相距不远的几户人家，就会在浩特东南半里左右的地方，用泥巴或砖头垒一个六尺高的敖包。等到暮霭沉沉、繁星满天的时候，各家各户就把自制的佛灯拿出来。在一位长者的导引下，把它们插满了整座敖包。卫拉特的这种佛灯是用白面捏的，在草棍上绑上干净棉花，嵌进中间作为芯儿，里面再注满酥油使之成为一个灯盏。人们会做许多的佛灯，虔诚之余，也是为了给自己讨个吉利。这样一来，敖包上的灯盏就上上下下插得满满的。当大家都把各自的灯盏点燃后，敖包就变成一座灿烂的灯山，美丽壮观。此时，大家在灯山下跪围一圈，祈祷宗喀巴佛爷慈悲恩典，赐给我们长命百岁，保佑众生健康平安。然后，围绕灯山顺转三圈，各回各家喝茶吃饺子。

察哈尔蒙古部的佛灯节与卫拉特蒙古部的还有区别。在察哈尔地区，灯盏是把莜面用放了砂糖的奶水搅起来捏成的，把茇茇草棍上缠上新棉花，插进每盏灯里作为灯芯。再用黄油一盏一盏灌满。以家庭为单位，每家至少也捏几百盏，家道殷实的要捏几千盏，都一圈一圈摆在铜盘或木盘里。晚上星宿全了以后，把佛灯搬出来，从蒙古包开始，居室、凉房、羊圈、羔棚，都要摆上。每人手拈一柱燃着的黄香，在长者的带领下，用它把所有的佛灯一起点燃。顿时，浩特灯火通明，倘若佛祖居住的灵界般金碧辉煌。接着大伙都集中到一个大户人家，围绕火撑子坐个圆圈念"玛尼经"。再炖上一锅鲜美的羊肉。一圈玛尼经念完了，锅里的羊肉也煮熟了。大家一起分享这佛祖赐予的神食。吃喝完毕，各自回家睡觉。

　　巴林蒙古族在这天要做一种叫"蒙利森巴达"的点心，做法是将炒米碾成碎米，用黄油炒后加入红糖，在"琶纳"（做奶豆腐的模子）内压成硬块，然后按四方形和三角形切开，互相送礼。在大人们念玛尼经时，孩子们在有灯的地方跑来跑去，追逐嬉戏，玩得十分开心。第二天一大早，他们仍然是最活跃的，当人们还在梦乡的时候，他们已经争先恐后爬起来，三五成群，吵着闹着，到各家去抢吃佛灯。因为，这时的佛灯芯已经燃完，油也耗干了，黄油在燃烧的时候已经渗进了灯盏，灼热的火光又把灯盏燎黄烤熟。佛灯本来就是糖、奶、面做的，自然是一种比较别致的风味小吃。

　　随着时间的推移，察哈尔的佛灯会，中华人民共和国成立以后就陆续中止了。卫拉特虽延续至今，但已经失去了原来的"味道"。既没有到处奔跑着抢佛灯的孩子，也很少看见那种灯火通明的盛景了。

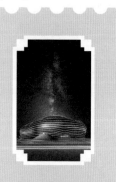

打大围开始的前几天，部族人员聚集在一起，大体约定围猎的路线、范围，并推举打大围的总指挥"阿宾达"。担任这一职务的一般是这一带既善于打猎，又德高望重、办事公道的人。

每年阴历五月五日，是汉族的"端午节"，而在草原上生活着的蒙古族也有一个特殊的风俗，就是"打大围，"它的规模之大，常常超过其他猎日，因此，在东部区的个别地方，甚至把它作为蒙古族的"猎节"。

旧时打大围是蒙古族围猎中相当壮观的一项活动，一般在一年中要进行两三次或四五次，日期主要采取约定的办法。但五月初五打大围，却是一次固定不变的围猎活动。相传很早以前，有一次蒙古族部落遭到异族的侵袭，由于部落成员都出去打大围，从而使一场报复性的仇杀得以幸免。这一天正好是阴历的五月初五。所以从那以后，五月初五都要打大围的习惯就传承下来了。还有一种传说：说是成吉思汗就是在五月初五这一天围猎时受惊，导致染疾辞世的。于是后来就把五月初五作为猎日，以射杀群兽，保圣主的宠爱之恩。无论哪一种说法，都表明蒙古族人民对自己部族的热爱，所以，这个传统猎日，代代相传，一直沿袭至今。

打大围开始的前几天，部族人员聚集在一起，大体约定围猎的路线、范围，并推举打大围的总指挥"阿宾达"。担任这一职务的一般是这一带既善于打猎，又德高望重、办事公道的人。

　　打大围的方式一般有两种：一种是门猎，主要是在山区。猎人们把猎物集中从一座山的沟口往沟里围；另一种是围猎，平原地区没有山沟，地势平坦，打猎时就在万圆几十里内，把猎物从四面八方往中间围。围猎开始，猎人们骑着最好的猎马，背着枪（或弓箭），腰间挎着猎刀，别着布鲁（狩猎和放牧工具），带着成

群的猎狗，农业区还赶着大车，从不同的地点进入围场。

　　打大围到了中午，猎人们三五群聚，点起篝火，就地野餐。餐后，继续围猎，下午黄昏时分，围猎进入高潮。而这时的猎物也是非常的丰厚。黄羊、野兔、老虎、豹子都是猎人们一展身手的好对象。围猎中，最能表现出一些神勇无敌的英雄，有些艺人也从此取材，创作出一些传奇故事，流传于民众之中。也有些老人趁机给那些好猎手介绍对象，从中娱乐。这样一直到天黑，猎人们满载而归。　五月初五过后，盛夏到了，生产活动也随之多了起来，此时禽兽也到了繁殖期，因此，狩猎活动也就基本停止了。勤劳的牧民们每天驰骋在无垠的草原上，用骏马和套杆看护着自己的畜群，也用心等待着下一个收获更加丰收的大围猎日。

民俗链接：

麦德尔节

　　麦德尔节在过去是一种宗教活动。自古以来，卫拉特人就把每年的正月十五作为麦德尔佛诞辰纪念日并举行庆典活动。在宗教里把麦德尔称之为传播佛教、解除人民疾苦的神，草原上的人们信仰麦德尔佛也有数百年的历史了。

　　宗教界认为，正月十五是神佛大师宗教学业结束的一天，正月十六是麦德尔佛主持教学的一天，为了连续不断地把宗教佛学发扬光大，就把正月十五这一天作为麦德尔佛诞辰的日子。由于过去蒙古人过着游牧生活，举行盛大集会的活动场地就受到了极大限制，一般只能是在寺庙里举行。每当正月十五这一天，县、乡、村、浩特、嘎查的男女老少都要早起，穿上盛装，到寺庙参加麦德尔节的庆祝活动。巴音郭楞的土尔扈特、和硕部举行的麦德尔节，首先是喇嘛们以宗教盛会的形式吹响号角，敲锣打鼓，念经祈祷。然后，前来参加的人给麦德尔佛磕头。

　　麦德尔佛跪拜的仪式，是在一位年长的人的带领下，来到寺庙前排好队，双手放在额上，给麦德尔佛跪拜，完毕后，才能把自己带来的贡品放在麦德尔佛的供桌前。在麦德尔

佛的挂像边从右向左转过去，绕寺庙从右绕几圈。这样跪拜完毕后，大家相互拜年，互道祝福。之后，还要举行麦德尔节的赛马、摔跤、射箭等形式多样的娱乐活动。就像那达慕盛会一样，人头攒动、载歌载舞，热闹非凡。大家都有一颗虔诚的心在欢送吉祥如意的上一年，迎接时来运转的本年。所以，当这一天到来的时候，卫拉特人纷纷从各地赶来寺庙参加这一活动。因为他们相信，这种对佛的尊崇会给他们带来好运，消除灾难。随着时代的变迁和社会的发展，这一宗教活动现在已经逐渐变为互相拜年的传统节日。

吉祥哈达献真情

11

进入草原，随处可见敖包上装饰着的哈达。牧民手捧哈达围着敖包顺时针转动，虔诚招福，在敖包上系献哈达，默默地许愿祈福。

在西藏和蒙古高原，哈达随处可见。西藏地区人们祭拜的神山上、玛尼石顶上飘扬着经幡，到处都挂满了男女老少奉献的哈达；蒙古族祭拜的敖包上也系满了哈达。当行人漫步草原，不时会遇到旷野中独自生长的奇树，树上也挂满了彩色布条和哈达。

草原每逢节日、迎来送往或婚丧嫁娶，牧民之间也会敬献哈达。哈达在草原人民的手中传递，他们的心中充满了真诚的互动。

哈达是专为礼仪用的一种丝织品，它用绫、绸、丝料制成。哈达的长短不一，短有三五尺，长则一两丈。有的哈达以八瑞相及莲花、如意、祥云等为图案，是藏、蒙古等民族拜见尊长、迎来送往、致敬致贺、婚丧嫁娶等礼仪活动中重要的礼物和媒介。人们用它来传达真诚的情感，表示敬仰、请愿、祝福、祝贺等心意。

关于哈达的来源，现有多种考证，但最初是作为藏族的礼仪用品为人们所公认。藏族崇尚白色，早在丝织品还没有出现之前，藏族先民就以羊毛、糌粑、奶油或白石、白灰等白色物品来表达诚意；之后，轻便易携的哈达逐渐运用在各种祭祀活动和社交礼仪之中。

随着藏族同内地交往的不断加深，汉族地区发达的丝织业，使藏族的这一尚白文化找到了新的载体，由此不仅产生了白色的哈达，还逐步形成了质地与长短规格不一，白蓝黄绿红等色彩各异的哈达，这些哈达在不同场合中发挥着不同的作用。

蒙古族主要使用白、蓝、黄三种颜色的哈达。黄色用在佛事上，社交活动中一般用白色和蓝色，更多的情况下，人们喜用与蓝天同色的蓝哈达。

蒙古族在元朝时期就已开始使用哈达，随着佛教的传播与社交礼仪的繁缛，到了清朝更加盛行。敬献哈达是蒙古族人民的崇高礼节，在长期的发展过程中还形成了一系列规范化的礼仪，不仅体现在日常问候礼仪中，而且还贯穿于蒙古族祭祀仪式与岁时节气等文化活动中，成为草原地区最为普遍，却又最高尚的交往媒介和载体。

进入草原，随处可见敖包上装饰着的哈达。牧民手捧哈达围着敖包顺时针转动，虔诚招福，在敖包上系献哈达，默默地许愿祈福。

在朝霞的映衬下，在高矗的山坡上，茂盛的柳枝、飘逸的哈达构成了神圣祥和的场面，召唤着虔诚的人们。在喇嘛的诵经声中，人们手捧哈达，同声呼唤"呼瑞！呼瑞！"希望神圣的敖包通过牧民手捧哈

达围着敖包顺时针转动，虔诚招福，在敖包上系献哈达，默默地许愿祈福，期待哈达能传递自己的心愿。

蒙古族自古就有祭树的习俗，在史书中有以美布饰树、绕树

而舞的记载。草原上古老的榆树或柳树，被称之为"尚石毛都"。人们认为这种树上寓居着神灵。每年阴历五月十三日或在持续干旱、瘟疫流行、遭遇灾害的时节，人们都会举行祭祀仪式，祈求雨水，驱除灾害。牧民祭祀古树时，首先用哈达和五色绸缎、布条等装饰大树，用黑山羊的内脏或其他食物祭祀大树，之后煨桑、燃香、跪拜祈愿。仪式结束后，人们围绕大树载歌载舞，欢宴到夜幕笼罩、月亮高升。蒙古族认为歌舞能愉悦圣树和神灵，从而降福于人。反之，伐木截枝等毁林行为，则要受到严厉的惩罚。

水是生命的源泉。甘洌的泉水、潺潺的小溪、滔滔的江河和蔚蓝的湖泊养育了草原万物，点缀着草原如画般的风景。牧民世

代依傍河流，过着逐水草迁徙的游牧生活，深知水的弥足珍贵，所以，保护水的意识和行为根深蒂固。泉水圣洁灵验，它不仅呵护生灵，而且能驱灾避难。因此，牧民常在泉水四周的树丛上系上哈达，以此作为水源标识，提醒人们要保护水源及周围环境，不能玷污水源，也不要捕杀水中的鱼类。牧民们禁止砍伐水源附近的树木，禁止向泉水中倒脏物、在泉水中洗衣物，甚至取水都要用干净的勺子。

在蒙古包里，把肉煮熟后要割取"德吉"（最早的，第一的，此处指第一块肉或第一碗奶）祭祀天地，然后把产奶多的乳牛、产驹多的母马、公羊及公驼这些"牲畜的代表"牵来，请年长的人在每只牲畜的头上涂抹一点黄油，再系上哈达或五彩布条，祝

愿它们成为"千头之首，万只之头！"之后，大家才可以吃肉喝酒，尽兴地热闹一番。得到祝福的五畜在草原上也显得弥足珍贵。

蒙古族每年在腊月二十三日举行祭火仪式。祭火前人们要扫尘，清洁餐具，准备祭祀用的肥羊，还要准备招福桶、装饰火炉的彩色布条、明火、《祭火经》等。待夜幕降临后，家人穿戴整齐，围坐在炉旁，虔诚地举行点火、祭火和跪拜仪式。祭火用的煮熟的羊胸摆在盘里，上面覆盖着哈达；招福桶里放着祭品，上面盖着哈达；用哈达包着的《祭火经》，端正地摆放在佛龛上；祭火时，人们手捧哈达，举行招福仪式。长者打开哈达包裹着的圣书，吟诵《祭火经》，祈求人丁兴旺、五畜昌盛……每当念到招福词时，主妇在火里滴入纯洁的酒，引得灶中火苗呼呼腾起，大家齐呼"呼瑞！呼瑞！"，将祭火祈福的场面推向高潮。

　　"哈达有价情无价"。作为礼物，哈达是极其普通的，但敬献哈达却是草原人民最崇高的礼节。哈达代表虔诚、纯洁、真诚和尊敬，作为表达心灵的媒介，它被赋予了圣洁的品质，成为草原人民至高的礼物；同时，作为一项重要的民俗活动，早已融入草原人民社会生活的各个层面。

　　哈达表达着人们接受彼此的恳求、邀请、敬重、应允和答谢的意愿，它以礼物的形式在仪式中发挥重要作用；而且，用哈达衬托起的礼物也弥足珍贵，这种衬托形式的敬献更显示出礼品的吉祥和圣洁。

敖包最初的样子

12

被蒙古民族作为神物供奉的敖包，是一种用石块、泥土、柳条等堆砌而成的塔形建筑，通常建在山顶、隘口、湖畔、路旁、滩中等显眼的地方。

祭敖包是蒙古人自古流传下来的宗教习俗，在每年水草丰美的时节举行。敖包是石堆或鼓包的意思。即在地面开阔、风景优美的山地高处，用石头堆一座圆形实心塔，里面请放神像，顶端系有经文布条或牲畜毛角的长杆。届时，供祭熟牛羊肉，主持人

致祷告词，男女老少膜拜祈祷，祈求风调雨顺、人畜平安。祭祀
仪式结束后，常举行赛马、射箭、摔跤等竞技活动。祭敖包是蒙
古人为纪念发祥地——额尔古纳山林地带而形成，表示对自己土
地的眷恋和对祖先的无限崇敬。这一信奉萨满教时最为重要的祭
扫仪式，现在已经演变成了一年一度的节日活动。

　　蒙古民族作为神物供奉的敖包，是一种用石块、泥土、柳条
等堆砌而成的塔形建筑，通常建在山顶、隘口、湖畔、路旁、滩
中等显眼的地方。各地的敖包虽然形制不同、规模各异，但现存
敖包最典型的模式，一般都是在圆坛上，环叠三层石台，基础宽
广厚实，往上渐小渐尖，中间竖起一柱高杆，杆端安有铁矛一柄，
矛锋四刃，分指四方。其下承一铁盘，盘上缀有用公马的黑鬃毛
作的垂缨，敖包的顶饰为苏鲁德神物。苏鲁德周围，多用柳条树
枝装饰。敖包的东、西、和正北，各竖三根木杆，杆顶分别刻有日、

月、云图形，用彩带与苏鲁德相连，带上多悬挂哈达、旗幡之物。故清人有诗云："绝顶矗鄂博（敖包），哈达纷垂旒"。倘是阿拉腾敖包或诺颜敖包（各旗王爷直接供奉的敖包），其东南和西南还要各栽一柱高杆，左右对称，其间扯一细绳，上挂红黄蓝白绿五面禄马风旗，以此象征王府的门庭。敖包正南或四周多建香案一个或数个，用来接受供物和香火。

除了上述单个的以外，敖包还以群落的形式出现。其中主要有三个一组的群落，十三个一组的群落，十九个一组或二十五个一组的敖包群落，等等。

敖包这种形态和数量的变异，是在长期的历史进程中形成的。早在石器时代，原始人群猎获巨兽，在欢呼跳跃之余，常在山巅垒石为包，以示纪念，并以此作为指示方向的标志。日久天长，

又将它看作有神之地供奉起来，这就是最初的敖包。后来由一个发展成三个，分别代表天、地、人加以供奉。进而演变为七个，代表七曜或日、月、金、木、水、火、土。

黄教传入蒙古地区后，对敖包的形式和内容曾作了一系列的改革和创新，增添了哈达、禄马、旗幡等饰物，在祭词中注入了黄教的内容，对原有的各种形态，也重新作了解释。例如，将七个敖包称为七星敖包，十三个敖包中之大者为须弥山，其余十二个象征十二瞻部洲，或大者为"浩日穆斯特腾格尔"（天之长者），其余十二个为其护卒。然而在民间，百姓一律将十二个小敖包称为徒弟敖包或士卒敖包。同时，有关敖包的一系列活动，诸如建造、供奉、祈雨、领牲等，均到了喇嘛不插手就不能进行的地步。

以往敖包的祭祀，一般分为血祭、酒祭、火祭、玉祭四类。

所谓血祭，就是杀羊宰牛，向敖包献牲；所谓酒祭，就是将奶酒鲜乳之类祭洒于敖包之前；所谓火祭，就是在敖包前燃塌柴薪，将肉食、奶食象征性地投入火中焚烧；所谓玉祭，就是将珠宝或硬币之类撒到敖包顶上。黄教流行以后，喇嘛活佛们认为血祭污秽而造孽，力主用素供奶食代替。但在某些黄教影响不及之地，仍按萨满的做法祭祀，或黄黑（萨满教又称黑教）参半，兼而有之。

崇尚自然的散包茶

13

不仅蒙古民族，其他北方民族也有自己的敖包。这些敖包，大多是为一方山水的守护之神供奉的。

敖包有山冈敖包、隘口敖包、滩中敖包，崖畔敖包，等等。《大清会事例·理藩院·疆理》记曰："游牧交界之所，无山河为标识，则垒石为包，曰鄂博，今称敖包。"蒙古人的祖先，素来就是"行则车为室，止则毡为庐"的游牧民族，生活在辽阔无际的草原、沙漠、戈壁、丘陵中。为了生活和生产的方便，便在山顶、水边、路旁等一切显眼的地方，垒起各种各样的石堆作为方向的标志，

以便寻找和呼唤。这对畜牧、狩猎、军事等无疑具有很大的作用。起初并不一定是疆界的标志，后来也不是所有的敖包都做了"界碑"。不过，因为它们都是作为标志建立的，如果位于边界一带，便很自然地成为两个苏木、两个旗、两个省、甚至两国的分界线。清代蒙古人松筠的诗"萨布（蒙古语边界的意思）基鄂博，酌规以平冶"，就是很好的概括。在《绥远通志稿》上，就记载着土默特旗有官祭敖包之俗："官鄂博多在本旗边境与他旗分界之山巅或原隰诸处，昔为本旗之最大祀典"。届时，旗里的行政长官都要参加，"名为祭祀，实寓有巡视所部与勘正疆界之意"。

在鄂尔多斯也有类似的风俗，在赛音吉日嘎拉和沙日勒岱所写的《成吉思汗祭奠》一书中，就记着"祭礼在七眼井南岗的两个敖包上进行以后，杭锦、鄂托克两旗的王爷要朝北走去，划出两旗的边界线"。清朝晚期以后，甚至出现了专为确定边界而建立敖包的情况。比如，乌审旗的德力格尔敖包，就是大清光绪二十七年（1901 年），哈日梅林为了阻止王爷放地，专门建立在内蒙古和陕西边界上的。

　　还有一个更典型的例子，就是关于包头市东西脑（敖）包来历的传闻：大约在光绪以前，包头还是座小小的集镇，只有几家买卖字号，周围住的全是牧民，属乌兰察布盟管辖。当时，包头有个东脑包，是乌拉特和土默特两个部落共祭的敖包，也是两个旗的天然分界。后来由于放垦招荒，水草和土地的矛盾日趋尖锐。为了防止冲突发生，两个部落的首领聚在一起商议，决定在离东脑包五十华里的地方，另建一座西脑包，作为乌拉特部落的公脑包。东西脑包之间的空地作为缓冲地带，双方牲畜均不得进入。乌拉特部落由于牲畜众多，日感草场不足，便逐渐向西迁走，放弃了西脑包。土默特部落经过谋划，一夜之间将东脑包拆除，把所有的石块、旗幡、哈达等都搬到西脑包上，这样就把土默特的

边界，扩大到西脑包一带。这类敖包，一般没有盛大的祭祀，也没有固定的祭日，下面也不埋东西，只是行人路过，骑者要下马，拔一绺马鬃献给敖包；步行者要弯腰，捡几块石头加到敖包上，并口中念道："德额吉之大者归敖包，收获之大者归我们"。然后才可离去。

不仅蒙古民族，其他北方民族也有自己的敖包。这些敖包，大多是为一方山水的守护之神供奉的。比如，达斡尔族的敖包神。达斡尔人在放排（指过去达斡尔人把大兴安岭上的木材砍下来，编成木排，顺诺敏河而下，运到齐齐哈尔卖掉。）和狩猎的时候，一定要祭奉白那查，求他老人家保佑太平。《史记·匈奴列传》写道："月，大会龙城，祭其先、天地、鬼神"。旧《绥远通志》也说："各旗蒙人，以石垒成高堆，名曰'脑（敖）包'，视为有神之地。"直到现在牧民的口语里，有时还管敖包叫"敖包额吉德"。大约很久以前，供奉敖包带有一种深厚的自然崇拜性质。黄教传入以后，才跟喇嘛、经卷、禄马诸事物联系在一起，把这种崇拜发展到登峰造极的地步，使敖包像雨后春笋般地到处建立进来，几乎所有像样的山水都修建了敖包，甚至有的牧民自家也建立一个敖包，说这是他们家的"风水"所在。特别是后来祭敖包跟供奉龙王连在一起，祈愿"风调雨顺，国泰民安"，使之具有了更大的生活实用目的。这类敖包，依其所建之地，常以山水之名呼之。其数量之多，堪为各类敖包之首。它们都有固定的祭日，祭祀也颇为隆重热闹。龙王是专司雨水之神，牧区十年九旱，视雨如金，自然把向龙王祈雨作为祭敖包的一项重要内容。

许多地方祭奉敖包，都在夏历五月十三进行，而这天正好是"关老爷磨刀"的日子。关老爷磨刀，有所谓"干磨""湿磨"之说，而且以湿磨（下雨）最为吉祥。蒙古人祭敖包的时候，通常要请喇嘛念三到七天经文。伴随这一现象，出现一种名曰"酢答"的怪石。在宋人彭大雅所著《黑鞑事略》中，就有"蒙古人有能

祈雨者，辄以石子数枚，浸于水盆中玩弄，口念咒语，多获应验，
石子名曰酢答"的记载。民歌中也唱道："苍天虽然高远，酢答
可以够着。"喇嘛们从淖尔中取水，置于甘露瓶中，内放酢答一枚，

念过几日祈雨经文之后，这水就变成"圣水"，可用来解救万民。这类敖包，实际上是百姓通过神灵，寄托自己的希望之地。鄂尔多斯的敖包祭词，从浩日穆斯特到黄金世界的山水神仙，上到成吉思汗诞生之地，下至阿尔巴斯山和哈敦高勒（黄河）都提到了，最后念道：

从邻客邻居／到亲朋弟兄／从乡里乡亲／到各位友人／从一家一户／到一里一村／从白发长者／到黄毛小童／为生命长久而祈祷／为生活美满而祭奉／愿活蹦乱跳的五畜／长壳带皮的五谷／产得多而健壮／熟得透而丰稔／愿围猎的时候／能够满载回家门／再祭奉和祈愿／金银珠宝／绫罗绸缎／能堆积如山岭／我们由衷祝愿／年年幸福／岁岁快乐／草原常绿／清泉喷涌／我们众位乡邻福大寿增／唵嘛呢呗咪吽……

放包与翁衾

14

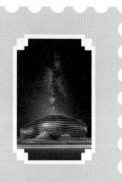

祖先崇拜出现后,翁衮作为祖先神祇的模拟像,成为祖先崇拜的一种方式。

"翁衮"是蒙古萨满教所崇拜的神祇偶像,有刻在岩石上、画在皮张或布上、用毡子和皮革缝制等多种形式。翁衮崇拜产生于原始狩猎时代,随着萨满教的发展而具有图腾崇拜、精灵崇拜、祖先崇拜的混合性质。现在能看到的翁衮主要有动物图腾神翁衮、英雄祖先神翁衮。在鬼魂崇拜和氏族血缘观念基础上产生的祖先崇拜,是继图腾崇拜、生殖崇拜、自然崇拜之后出现的最重要的崇拜。祖先崇拜出现后,翁衮作为祖先神祇的模拟像,成为祖先崇拜的一种方式。发展到后来,只有氏族部落中有地位的头面人物和萨满死后才树立翁衮,分别受到本氏族部落和萨满师徒世系的崇拜。成吉思汗死后成为全体蒙古人的祖先神,对成吉思汗陵墓的

青铜翁衮

祭奠现已成为蒙古人祭祀祖先的集大成者。

敖包作为翁衮最现实的根据，体现在它的建筑过程中。草原上每座大型的敖包都有着程度不同的地下建筑，并埋葬了不少东西在里面。一般多系王爷或敖包之主的王冠、服装、金银、武器及生活用具，实际上已经形成了一种翁衮，起码是衣冠冢。由于王爷是宗亲世袭，这种敖包无疑是家族权威尊严的象征，具有神圣不可侵犯的性质。

敖包这种神圣不可侵犯的性质，在它的有关礼法方面表现得更加突出。在酢肉的指派和分配上，都有严格的法度，是一种政治待遇的象征。比如，鄂托克旗王爷的布尔陶勒盖敖包远在毛盖图苏木，离王府所在地（今乌兰镇附近）很远，快马须走一天才

能到达。五月十三祭过敖包后，第二天就必须将羊头和一条前腿给王爷送去。那时天已大热，等送进王府肉也臭了，王爷也不一定会吃，但这是他家口福的象征，不送绝对不行。《蒙古秘史》记载着成吉思汗的母亲因为分酢肉不公平，跟俺巴孩汗的夫人翻了脸，就是因为这个缘故。从前王爷要降罪或赦免犯人，常在敖包前举行。如果边关告急，国难当头，需要出兵抵抗的时候，往往要在敖包前举行誓师大会，必要时甚至要用活人祭敖包，以示每战必克的决心。

正因为敖包是陵寝宗室的象征，从前各旗的王爷几乎都有自己的敖包。以伊克昭盟（今鄂尔多斯市）而论，郡王旗治北八十里，有达黑伊勒图敖包，为本旗之公敖包；鄂托克旗治东南约百里，有爱勒克图敖包，为本旗之公敖包；札萨克旗治西北二十里，有独更敖包，为本旗之公敖包……同时，王爷姓氏以外的其他氏族，也都有自己的敖包。这些敖包都各有自己的来历，祭祀的日期和仪式也五花八门。乌审旗的艾古尔斩哈然，住的全是艾古尔斩氏

族的人，他们供奉的敖包叫京肯薛德（一个英雄的金枪）。这个
哈然下设五个苏木，正月初三大祭的时候，每个苏木各出一名珠
玛（司祭），各出一只全羊，由哈然的大珠玛带领五名珠玛主持
祭礼。不过，并不是所有的氏族，住得都像艾古尔靳这么集中。
或者原先虽然集中，后来由于各种原因走散了。等到能够返回家
乡，第一件事就是由长者带领，供奉自己氏族的敖包，在敖包前
认识自己的家族。当然也有可能永远回不去了，于是，就出现了
这样的情况，有的牧民不供奉自家附近的敖包，却跑老远祭另外
的敖包，就是因为陵寝宗室的缘故。

敖包盛会那达慕

15

关于那达慕，《辞海》的解释是："内蒙古地区蒙古族传统的群众性集会，多在夏秋季节祭敖包时举行，一般一年一次，内容有摔跤、赛马、射箭、歌舞以及贸易活动。"

关于敖包祭祀的起源，学界观点不尽一致。有的认为敖包是大地、山、水神的象征和祭地，有的认为是祖先坟墓和祖先神的象征和祭地，有的认为是占领一定地域的人们所崇拜的地域神和祭地。大多数学者倾向于第一和第三种观点，将它和大地、山、水崇拜联系在一起。祭敖包的同时，一般要举行赛马、射箭、摔跤男子三项游戏活动，具有一定娱乐性，群众很愿意参加。

"那达慕"，《辞海》的解释是："内蒙古地区蒙古族传统

的群众性集会，多在夏秋季节祭敖包时举行，一般一年一次，内容有摔跤、赛马、射箭、歌舞以及贸易活动"。从这条解释看来，那达慕很可能是中华人民共和国成立以后命名的。而且是由敖包会发展而来的。过去牧区地广人稀，聚散无定，平时大家都忙于放牧，难得一聚。一到祭敖包的季节，水流草青马上膘，牧业大忙季

节已经过去。于是，大家换上新衣，骑上快马，来到敖包山下，举行那达慕大会，勇者摔跤，健者赛马。

凡是来参加那达慕的牧民，不论男女老少，贫富贵贱，都不空手而来，总要带一些酥油、酪蛋、砖茶之类的东西。拿多拿少，全系自愿，组织者们也不计较。将这些收下以后，组织者根据参加人数，宰杀足够的肥羊，煮在一口大锅里，来者有份，吃喝管饱，分文不取。不过只限于这一顿，当晚不论多晚也必须散去。

敖包会上人家（施主）举献的羊背、砖茶、饼子、烧酒、奶食等等，按规矩都要让来人吃喝掉，不许再拿回去。如果吃喝不了，就扬到敖包上（全羊留一条腿给施主），让草原上的飞禽走兽来吃。有一些可以放在奖品中发放，让那些摔跤、赛马的优胜者多得一些。一时坏不了的，留待明年此时享用。总之，绝对忌讳个人贪污。据说从前还有一种"曼金陶高"（大锅），一次能盛三头犍牛（指其肉）、三十六桶水、三十二斗大米、二斤盐。第二天开敖包会，头天晚上就得烧火。烧到第二天，几个人用铁锹翻一遍，再焖一会就可以吃了。凡是来赶敖包会的，不论民族性别，都可以吃个满饱，这就是名副其实的大锅饭。一直到今天，许多基层的敖包会上还保留着这种遗风。从中可以看出它与那达慕的渊源关系。

民俗链接：

呼啦呼敖包

在鄂尔多斯市鄂托克旗特别是乌审旗一带，普遍流行着"呼拉呼敖包"的说法。乌审旗有十三个敖包，也叫十三个呼拉呼，呼拉呼是集会的意思，为什么这样称呼呢？1227年，成吉思汗亲率大军远征西夏的时候，曾经路过鄂尔多斯，据说，当时每破一城，一定要事先把军队集合于某一高地，进行战斗动员和讲解战术，结果总能取胜。后人为了纪念这些地方，就垒起敖包加以供奉，名之曰呼拉呼。说来也奇怪，凡是有呼拉呼的地方，附近准能找到一座废城堡的遗址。鄂托克前旗查干陶勒盖苏木的呼拉呼敖包，附近就有白城的遗址，乌审旗嘎鲁图苏木呼和陶盖嘎查

和呼和淖尔嘎查交界处的铁木尔敖包，附近也有废城一座，清泉一道，当地人称"巴音布拉格"（蒙古语：富饶的泉）。

民间传说敖包下埋着一位名叫陶贡铁森尔的将军，是跟随成吉思汗攻打这座废城时牺牲的。他牺牲之后，便把他埋在现在的地方。因无土覆顶，便从附近挖了许多泥堆在上面，形成这座敖包。挖泥的地方涌出巴音布拉格，绕敖包东流而去。每年正月初三和五月十三，人们都要去那里焚香祭典。据查，《蒙古秘史》中确有陶贡铁木尔其人，为成吉思汗 1206 年开国大典时所封九十五名千户诺颜中的第六十一位。根据《中国通史》记载，当年成吉思汗的确攻打过这一带，当时西夏的局势已经十分严峻，连换了三个皇帝，蒙古军队也损失不小。西夏的都城被攻陷的时候，成吉思汗也病逝了。乌审旗至今流传的呼拉呼祷词，仍然保留了当时的战斗气氛。

乌审旗有十三个敖包，鄂托克旗也有十三个敖包，锡林郭勒的敖包也有十三个。鄂托克旗的十三个敖包，也称为十三军敖包。

根据学者罗卜桑悫丹的考证，敖包自唐代发展成十三个以后，也叫十三个英雄敖包。看来，敖包确系一处纪念和凭吊英雄的地方，可以说是另一种形式的纪念碑，而且，恐怕在黄教传入以前就存在了。

敖包的祭礼都有啥

16

敖包建造的时候，除了主持喇嘛和敖包发起人以外，别人绝对不能在场。

敖包建造的仪式，在古代时比较简单。俗谓"落地之土为黄金，常饮之水是甘露"，蒙古民族在离开故土的时候，总要携带撮土块石，将其埋在落脚之处的山上，在其之上建敖包加以供奉，举行敖包会以示庆贺。建造敖包的时候，首先要请一位喇嘛选择一块风水宝地，挖下三尺多深，将盛有"颂希格"（寄托物）的箱子或瓷罐埋进去。由于建造者的目的不同，"颂希格"的情况也千差万别：想发财致富的就放五谷杂粮、骏马鬃尾；想健康长寿的就放药物；想安定太平就放弓箭。有的说把这些东西装入罐中或净瓶埋入土里就行了，有的说要先将它们装入招福香斗或十三种成分组成的香炉中，然后再放入箱中

才能埋土。不论属于何种情况，都要用五色彩缎封口，上印"嗡嘛呢叭咪吽"六字真言，伴随喇嘛的诵经之声，将土填到与地齐平，夯筑结实，其上再建石头敖包。敖包建造的时候，除了主持喇嘛和敖包发起人以外，别人绝对不能在场。

随着时代的变迁，敖包建造的礼仪渐趋繁复。有的在敖包动工的前三天，就请几十乃至上百的喇嘛，来到相中的地址，开始诵读《乌力吉呼图格奈曼葛根经》，然后在地上挖出一个深丈五、径七尺的圆坑，周围用砖头砌进来，好像一座无顶的蒙古包。旁边要留一个供人出入的通道。接着再做一个四棱尖尖的紫檀木桩，上面简要地记上敖包建立的日期、缘由和主持者的姓名，敖包之主的四季服装、弓箭、鞍辔、锅勺、盘碗等物，火撑像平常一样支在当地，架起沉香木作欲燃之状。然后将坑顶封闭，埋入黄土，使与地平。这时喇嘛们经由通道进入蒙古包，点燃佛灯，摆放羊背，诵读《德布吉德舍日吉木经》，接着走出蒙古包，将通道堵死，再在地上建几丈高的石头敖包。

关于敖包的祭礼，由于它们各自的来历和性质不同，其祭礼的日期、规模、形式和组织都不一样。鄂尔多斯、乌拉特部多在阴历五月十三举行，察哈尔、乌珠穆沁部多在阴历六月十三或六月二十五举行，阿拉善（土尔扈特）部多在阴历六月初三举行……不过多数都在夏秋季节。一般一年进行一次祭祀，偶尔也有一年两次的。祭祀时间的长短也不一定，乌珠穆沁、鄂尔多斯要求在一日之内祭完，巴林则能延长到五至七天。旗敖包的祭祀，通常都有严密的组织，主要由四人组成：达玛勒——敖包祭祀的总承担者；霍牙格或浩林宝什嘎——按照公例向百姓征收祭品者；尼尔巴——施主所献物品的登记保管者；德木其——备办茶饭者。他们必须根据不同敖包的不同要求，在相应的时间把该办的事情办好。

到了祭敖包这天，人们穿上新衣，骑上好马，从四面八方（事实上在祭敖包的前天晚上，多数人已经赶到敖包山下的场地周围就宿）向敖包进发。到了敖包眼前，一般要从西南登上敖包山。由西向东绕着敖包顺转（顺时针）一圈，来到敖包正前方香案前叩拜以后，将带来的石块加在敖包上，用五色哈达、彩旗、禄马等将敖包妆饰一新，使它恢复了生气。然后在敖包前的祭案上，摆上全羊（要盛在大盘里），两边摆上牧民奉献的全羊、鲜乳、黄油、圣饼、白酒、什锦粥、盐、茶等红（肉）白（奶）食品，念一种专门的经文，使这些食品变得圣洁以后，喇嘛们开始燃放柏叶香火，进行烟祭，这时，鼓钹大作、号管吹响、法铃齐鸣，香客们不论僧俗尊卑，全体向着敖包三拜九叩，祈祷"风调雨顺，牲畜倍增，

无灾无病，禄马飞腾（运气好）"，继而将马奶、醇酒等泼散到敖包上，诵读《敖包祭酒词》。这时香客们便群起仿效，围敖包顺转一圈，将食品象征性地祭洒在敖包上，接着献哈达、举佛灯。同时要将某头牛、马、羊等净化为神畜（有的地方将玉点黑骏马牵来），将其童鬃（即从未剪过的鬃）系以五色彩绸，绕火堆一周使其圣洁成为神马。如果以前的神马眼睛或蹄子出了毛病，就无权再作神马，便要选一匹同样毛色的代替。

成了神畜的牛马羊大多要在野外放养，不能拉到市场交易，不得随便打骂，不得让妇人或外人骑乘。神马老死以后，要将其头骨放到敖包山上，名之曰"马头水晶"，最后，众人双手托举哈达、食品等物，口喊"呼瑞呼瑞"，举行招福致祥的仪式，至此，祭礼便告结束。于是大家便回到山下的帐篷之中，分食祭祀敖包的酒肉，称为"敖包的口福"。在分食之前，要将主祭全羊的某个部位（肥尾、前腿、脊骨等）献给敖包之主（即敖包建造者的后代——主要祭祀人），大家才能喝酒吃肉尽情娱乐。

祭祀敖包的礼俗，各地虽然基本相同，但也存在不少差异。有的地方祭敖包时出行的仪仗相当盛大。旧时乌珠穆沁亲王的敖包在祭祀的时候，要由王爷仕官领头，全旗二十一苏木、六个召庙的僧俗人众都要加入仪仗，浩浩荡荡向敖包进发：最前面一人手执布特（为一布包的乌龟，布上印有八地九色和藏文咒语）法轮而行，意为震慑地方破神烂鬼之人。其后是王爷的白通大（仪仗之首），朝服佩剑，开道引路。后有二人手举旗苏鲁德相随，再后是十八名赫牙（小吏）分两行随行。接下去是王爷或骑马或坐车而行，赶车牵马者共有六十个赫牙陪伴。而后是活佛喇嘛、各位仕官和平民百姓，一起紧随其后来祭敖包。

如果是转世活佛和僧侣供奉的敖包，最前面也有一个背负布特而行，其后一人手执达达日（一种绸缎做的旗帜）紧紧跟随，再后一个腰缠丁瓦（代表喇嘛席位的黄缎垫子）而行，更后一人手撑黄罗伞盖而行，伞盖两边有转世活佛和有头衔的喇嘛护卫而行，登上敖包诵经。此外，进行"男儿三艺"比赛和奖赏的情况也不太一样：科尔沁敖包会上多不射箭，而比赛掷布鲁（一种猎具）却比较普遍，还有儿童赛马，等等。鄂尔多斯赛马不仅要奖赏前九名，还要把跑在最后的驽马列为第十名奖励，说唯其跑在最后，才把所有人的福祉都囊括回来，因而也奖饼子一盘、羊头一颗。乌拉特比赛摔跤的时候，最末的一名称之为"泥土布和"（被摔倒沾上泥土之意），要从头浇下一罐酸奶，奖一方粉绢哈达作为纪念。

祭祀敖包既是全旗性的集会，旧时的王爷便利用这一机会

给某些人加官晋爵，封赏其摔跤手，逮捕或赦免犯人。有时还判断官司，划分草场。各地商人多在敖包会上摆摊售货，进行物资交流。它还是亲朋好友和青年男女相逢会面、谈情说爱的极好机会。敖包的达玛勒，也要借此机会宣布全旗各苏木布施祭品的情况。

敖包在平时尤其是供奉以后颇有不少禁忌。诸如妇女不能上敖包顶，不能在敖包会上骑马参赛。行人不能骑马从敖包旁边经过，一定要下马才准通行。敖包附近不能捕鱼捞虾、打柴伐木、围猎杀生，等等，因此直到今天，敖包山上的自然环境都是保护得比较好的。

17

风中飘扬的禄马风旗

成吉思汗来鄂尔多斯的时候，就是高举着这面旗帜，用弓箭长枪（矛）攻灭西夏的。

凡是来鄂尔多斯草原旅游的人们，都会在每家牧民门前，看到一根高高兀立的旗杆，杆头安着一柄明晃晃的三股钢叉，叉上錾有日月图形，半杆间挂着一面长方形的蓝旗。有的人家还把这种物件左右对称地栽成两根，中间用细绳连接起来，上面垂挂上红黄蓝白绿五色彩旗。风一吹过，这些旗帜就哗啦啦一起飘起来。你立于旗下，觉得又庄严、又神圣，由不得仔细端详一番。这时你才发现，那三股钢叉中间的一股，样子

很像箭头，两边的形状，酷似一张弓，如挽弓搭箭欲射之状。不过下面有个承托它们的圆板，圆板朝上栽了许多炸蓬蓬的缨子，很容易被想象成武术表演当中的红缨枪。再看圆板的边缘，头朝下画着八个白森森的骷髅。那旗帜上呢？好像印有一匹腾飞的骏马在随风飘动。还有许多东西，在风中不好看清楚。你总觉得这个东西很神秘，一定是蒙古人供奉的什么神物，想开口打听又怕冲撞了什么。

事实上，你把它看成弓箭，看成长矛，已经对了大半。自古以来蒙古人爱马尚武，战争中的旗帜上往往都会绣上一匹奔驰的骏马，出则兴于军前，居则竖于帐外。成吉思汗来鄂尔多斯的时候，就是高举着这面旗帜，用弓箭长枪（矛）攻灭西夏的。后来，

木华黎哈日苏勒德

成吉思汗葬于鄂尔多斯，老百姓为了纪念他，就把他的旗帜和武器仿制下来，竖于自家门前，每逢过节，必得朝拜，历久成俗，就形成人们常常看到的禄马，蒙古语叫"嘿毛利"，意思就是"希望之马""时运之骏"。追溯源头却与战争有关。它的形体，可以看成是骏马和兵器的合璧。

成吉思汗的长矛当地人称作"苏鲁德"，原来供奉在鄂托克前旗查干陶勒盖苏木，每逢成吉思汗陵大祭的时候，要由一匹枣骟公马把它驮到一个名叫千棵树的地方，参加十二年一度的镇远黑纛大祭。据说从来没有人靠近过的野公马，一驮上这柄苏鲁德就像绵羊似的老实了。苏鲁德为什么这么厉害，原来它本身就是神物。据传：成吉思汗有一次被围困在一处叫作千棵树的林子里，四面楚歌，形势危急，便翻身下马，将马鞭取下，朝天反置，大叫一声："苍天呀苍天，你救不救我？"一语未了，只听空中一声巨响，这柄苏鲁德便倏然从天而降，挂在树梢上便不动了。木华黎根据成吉思汗的授意，登在枣骟公马的背上，将其取了下来。从此，成吉思汗把它举到哪里，哪里就奏起了凯歌。如今，禄马旗上描绘的，便是这一段故事。当中的矛头就是苏鲁德，日月代表苍天，圆木盘象征苏鲁德承接于树上，缨子用枣骟马鬃做成，表明苏鲁德取于马上。那矛头两边的两股形成的 U 形，就是那个朝天反放的马鞍。蒙古人歇马卸鞍的时候，忌讳把马鞍直接放在地上，更忌讳朝天反置，一定要把它搭在一个东西上，因为，只有人仰马翻的时候，鞍子才会凹面朝天的。

　　在蒙古族的祭祀仪礼中，也把马作为崇拜的有灵性的神驹看待。按传统的民间习俗要选一匹"神马"来主宰一个马群。平时，马保佑吉祥，战时，则为强军之利器。成吉思汗西征欧亚、统一南北，靠的是战马的背力和足力强大的铁骑大军。在鄂尔多斯高原上祭祀成吉思汗的活动中，也总要有一匹白色骏马的形象才算是大奠。在传统的祭祀礼仪中，有两种作为马文化现象的习俗是值得一写的。一种是悬挂风马旗

的习俗，一种是系彩绸带给"神马"习俗。"风马"又称"天马图"，图案正中是扬尾奋蹄、引颈长嘶的骏马，托着如意瑰宝飞奔；骏马上方是展翅翱翔的大鹏和腾云驾雾的青龙；骏马下面是张牙舞爪的老虎和气势汹涌的雄狮。这五种动物以不同的姿态和表情，表现了它们勇猛威严的共性。人们把这个图案拓印在十多厘米见方的白布或白纸上，张贴于墙壁，不管取何种形式，它的真正含义都比其表面图案深远，是人们对于命运吉祥如意的寄托，希望自己的前途像乘风飞腾的骏马一样一帆风顺。

黄教传入草原以后，喇嘛们抓住禄马旗大做文章，进行了一系列的大胆改革。原来只有一匹奔马，嫌其力量不足，在四角又加上狮、虎、龙、凤，合称"五雄"，即所谓"四蹄系千家悲欢，一身备五雄之性"。把释迦牟尼面前供奉的七宝八供，甚至五色、八卦、十二生肖、二十八宿都一股脑儿绘了上去，空隙间又写满密密麻麻的藏文经语。使人面对此旗，宛如进庙入寺面对佛祖，不由生一股敬畏虔诚之情。不仅如此，他们还把禄马风旗的出版权利和复活权垄断在自己手中。即使有个别人家藏有木制刻版，印出的禄马旗也是没有灵性的，只有经过喇嘛念经以后它才具备神力。经过改革的禄马，成了一个集大成者的神物，有对自然的崇拜，有对祖先的

祭祀，有对宗教的虔诚。苏鲁德的下面，总要用砖或土坯垒个神台，上面砌个袖珍小庙或挖个浅洞，用来燃放柏叶香火，每日早晚进行供奉。五十岁以上的鄂尔多斯老人，纵然大字不识，却没有不会念《伊金商》的。《伊金商》就是供奉禄马时念给成吉思汗的颂词，平时不念全文，只念开头"嗡、嘛、呢、叭、咪、吽"的六字真言。当地汉族老乡听不懂意思，只觉得像唱歌似的挺好听，又抓住其中的只言片语，把禄马旗叫成"玛尼洪"杆子，所以，本地的汉族牧民都知道玛尼洪杆子，却不知道禄马为何物。

蒙古族同胞凡是逢年过节、出征狩猎、旅行远足，都要念全文的《伊金商》，请示禄马保护：

……

消除那天灾与人祸

消除那口角与内讧

消除那兵燹和战乱

消除那会盟时加害的敌人

……

禄马既然有这么大的威力，享受香火就是理所当然，不能对它有丝毫亵渎的表现，不能冲着它的方向撒尿，不能把真正的马拴在它的杆子上。再好的朋友，也不能骑马从禄马的那根细绳下面通过。

禄马既然是这么重要的神圣载体，自然在心理上成了蒙古族牧民的精神支柱。在每家门前插竖禄马，是一种和谐安乐、吉祥美好的标志，"禄马飘飘招福来"，大家都这么认为。日子过得再困难的蒙古人，门前也要栽根玛尼洪杆子。每到新年除夕之夜，家家神台东南都要燃起一堆旺火，将新印的禄马旗（已经由喇嘛念经复活）在上面旋转烘烤几下，爬到神台上将旧禄马取下，新禄马挂上去，用火勺从旺火上挖几勺红火烬，倒在神台上的袖珍小庙或浅洞里，撒上香柏、白酒、红枣、圣饼焚祭。这家的长者这时要面对神台跪下，全文背诵一遍《伊金商》。而后拿起螺号，手拍着灌进一些气去，呜呜地吹起来。声音低沉却有力，能传到很远的地方，引得周围的螺号也一起响成一片，宣告新的一年来

临。这时全家老少都要出来，围着旺火放炮，观察天象云气，瞭望四周由于举火而显得很近的人家，倾听从那里传来的噼噼啪啪的爆竹声。最后一起向神台跪倒，对禄马三拜九叩，三绕九转，祈求它给未来的一年带来好运。

除夕以后，禄马就只能供奉，不能打动了，如要打动，就是发生了意外。不是

意外的喜，就是意外的忧。所谓喜者，就是生了小孩，特别是生了男孩，禄马就要换成新的，还有娶媳妇的时候，禄马也要更新。所谓忧者，就是家中有人去世，尤其是一家之主的男人去世，禄马旗一定要降落下来，好像国家元首逝世下半旗志哀一样。鄂尔多斯蒙古人自言人生只有三宴，出生满年时有去发宴，成年娶妻时有婚礼宴，老人去世时有入土宴。前两宴都是升旗，最后一宴是降旗。禄马风旗为它的主人服务了三次，却伴随了他的一生。

蒙古古代的军旗，几乎跟今天鄂尔多斯供奉的苏鲁德一模一样。至于禄马一词，至今还活在所有蒙古人的日常口语中，并且任何一个小孩都知道：禄马腾飞是好运到来、禄马卧地是运气不佳的意思。只是禄马的具体形态，除了鄂尔多斯，其他地方很少看到了，或许这是别处的禄马先行消失的缘故吧！

君主圣地成吉思汗陵

18

将大汗的遗体掩埋在从前葬鞭之所，以伊金霍洛作为陵地。此外，留下五百达尔扈特人专门守护祭奉，世世代代延续至今。

历史上赫赫有名的成吉思汗，经过 16 年的征战，统一了蒙古草原各部落，建立了强盛的蒙古汗国，各部首领推举他为蒙古可汗。1227 年 8 月（阴历七月），成吉思汗病逝在六盘山清水的行宫里。听着心爱的女人也遂唱着他童年喜爱的歌曲《怯绿连河的青青河畔草》，永远地睡去。

成吉思汗打猎时从马背上坠落，病重而逝。虽然他心里明白距离大去之日不远，却执意要开辟新的战场。他在临去世之前仍

在指挥作战。传说，成吉思汗去世之后，蒙古军队如临大敌，密
不发丧，政事推行如常。使臣与外国商人依旧到他的金顶王帐外
听候传唤，传令来来去去，假装这位世界帝王仍在发号施令。等
到访客散尽，他的贴身卫队才启程返回蒙古，生怕大汗逝世的消
息被泄露出去。

　　按照蒙古族的传统习俗，葬礼是秘密进行的。密葬后盖上厚
土，有人守卫，待到第二年草绿丛生、痕迹全部消失为止。陵墓
无标志，难于寻觅，所以，在落葬时特意宰杀一只驼羔埋在陵前，
让母驼看到羔驼被杀的情景，待到拜谒陵墓时，将母驼牵来。母
驼一到驼羔被杀害的地方，就发出哀鸣，因此，人们就可以确定
陵墓的所在的位置。

　　部下将成吉思汗的衣冠、帐篷、灵柩，运往蒙古故地安葬。
灵车经过鄂尔多斯的伊金霍洛时，忽然刮起了风沙，车轮陷进泥潭。护灵的成吉思汗四子拖雷闻报,下令用五个部落的人驾马拖拽。一时,马蹄纷杂,鞭声急促,可那轮帐车仿佛生了根,纹丝不动。风沙越发刮得凶,荒草一片片伏倒在地,沙粒击在蒙古勇士的铠甲上沙沙作响。拖雷看到比人还高的车轮下陷的情景,不禁想起当年随汗父西征路经这片草原时,汗父看到这里山清水秀,草木茂盛,鹿群出没,曾赞叹不已。成吉思汗带领蒙古铁骑横跨欧亚大陆,见识不为不广,可见到这样美丽的地方还是第一次,惊喜得竟将手中的马鞭失落在地上。随从要拾马鞭时,被成吉思汗制止了。

他吩咐道:"我死之后可葬此地"。于是,部下将马鞭埋藏到地里,并且在上面立起敖包。

大汗在天有灵,后代不便违拗他的遗愿。于是,拖雷令全军长跪祈祷,请长生天保佑大汗亡灵早升天界。然后,亲将汗父衣冠、

帐篷集于一处，装入灵柩，由大军护送至不儿罕山故地安葬；而将大汗的遗体掩埋在从前葬鞭之所，以伊金霍洛作为陵地。此外，留下五百达尔扈特人专门守护祭奉，世世代代延续至今。

《蒙古秘史》上并没有成吉思汗过世与埋葬的记载，倒是波斯的史书上提到，成吉思汗生前曾经说过，无论如何，他死后一定要把尸体送回他的故乡、他的守护圣山——不儿罕山的山麓，葬在他幼年时最喜欢的地方。他的陵寝究竟在哪里，没有人知道。这位最有权势、史上最富有的大汗下葬的经过，也没有留下任何纪录。卡庇尼说，蒙古人是刻意把大汗的陵墓藏起来的。他们小心翼翼地把每块草皮、每个树根铲起来，等到成吉思汗陵寝挖掘完毕、大汗遗体安置妥当（也许还有几个大汗生前贴心的奴隶陪葬）之后，墓穴填满踏实，再把草皮、树根按照原来的位置放回去，如此一来，任谁也不知道成吉思汗的埋身之处了。有人说，在大汗陵寝之处，曾经种了几棵树，作为识别；但是，马队在蒙古大草原上来来去去，就算有这么点记号，也早被踏得一马平川了。波斯史书记载，大汗的继承者，成吉思汗的儿子窝阔台下令，在大汗的陵寝里，要有三天的食物，四十名身着华丽服饰、贵重珠宝的姬妾一起殉葬；除此之外，还要有精选的好马，陪着蒙古这位性格最强韧的精神象征人物。但这些都只是传说，成吉思汗的陵寝，至今没有被发现。

世代传承的查
干苏鲁克大典

19

除了以农历三月二十一为主祭日的查干苏鲁克大典,还有夏季淖尔大典、秋季斯日格大典、冬季达斯玛大典,史称为四时大祭。

查干苏鲁克是蒙古语,意为"洁白的畜群"。按照传统,举行祭奠时,要挤下九十九匹白马的乳汁,盛在宝日温都尔(圣奶桶)里,用九眼勺蘸取马奶,向苍天祭洒。因此,这一大典也称"鲜奶祭"仪式。 祭奠仪式隆重而热烈,陵寝内灯火辉煌,香烟缭绕,陵殿里用汉白玉雕塑的、高大的成吉思汗塑像前及供奉成吉思汗的灵帐前,都摆满了丰盛的供品:圣洁的美酒、肥嫩的羊背子、新鲜的牛羊奶以及各类奶制品,酥油灯彻夜不熄。

　　每年的农历三月二十一，一年一度规模最大、最隆重的成吉思汗祭祀活动——春季查干苏鲁克大典，都会在内蒙古自治区伊金霍洛旗境内的成吉思汗陵举行。每年这一天从清晨开始，就有来自全国各地的祭拜人流不断涌入成吉思汗陵。身着艳丽传统民族服饰的蒙古族群众，不顾长途跋涉的劳累，依次虔诚地将带来的羊背子、酥油、砖茶等供品交给达尔扈特祭祀活动主持人，然后分别手托蓝色或黄色、白色的哈达，默默地接受祭祀主持人那真诚的祝福，最后饮下守灵人敬献的象征着吉祥、平安和祝福的圣酒。

　　世世代代从事成吉思汗陵守护、管理和祭祀事务的蒙古族达尔扈特人，按照世代相承的祭祀程序举行八白宫聚集仪式、祭天仪式、金殿大祭、招福仪式等传统祭祀活动。

　　说起查干苏鲁克大典的来历，有这样一则传说：成吉思汗五十岁那年正月初一，忽染贵恙，一病就是九九八十一天，到三月二十一才康复。为了结八十一天的凶兆，便在三月二十一这天，拉起万群牲畜的缰绳，用九十九匹白马之乳，向长生天祭洒，并将"神马白骏"涂抹成圣，谓之神马。也有人讲，成吉思汗五十岁那年春天，天气久旱无雨，草原上的牲畜大批死亡。成吉思汗认为这是凶月，必须逢凶化吉。于是，他亲自挑选了九十九匹精良的白色母马，用其乳汁向苍天祭洒。后来，这种查干苏鲁克（洁白的畜群）祭典便沿袭至今。

除了以农历三月二十一为主祭日的查干苏鲁克大典，还有夏季淖尔大典、秋季斯日格大典、冬季达斯玛大典，史称为四时大祭。此外，每月初一、初三和其他一些特殊的日子里都有固定的传统祭祀。一年中，除每天的"日祭"外，还要举行六十多次时间、内容、规模都不同的专项祭祀。这些大大小小的祭奠活动，成为蒙古族祭祀文化的核心。

1227年，一代天骄成吉思汗在征讨西夏时溘然长逝，蒙古人按照族规将其遗体"密葬"。相传他身边的人取下一撮骆驼额头上的绒毛，吸收成吉思汗最后一口气，放进银制灵枢安放在白色宫帐里进行供奉。在外人眼里，这些祭祀宫帐不过

是些白色的毡包，供奉有成吉思汗的遗物；对蒙古民族而言，它们却是成吉思汗灵魂的象征。

这些祭祀宫帐逐渐发展演变，到了成吉思汗之孙、元世祖忽必烈时，有了个专门的名字，叫"八白宫"。守护八白宫和负责祭祀的，是专门的一些人。也就是从这时起，蒙古族历史上多了一个神秘的部族——达尔扈特。

从部族诞生之日起，达尔扈特人就不耕不种，不狩不猎，不纳税，不服役，也不当官。他们毕生吟诵祭文，世代守护和祭祀八白宫，父死子继，矢志不渝。达尔扈特在元朝称得上是件美差，但随着世事变迁，数百年仍坚持守灵和祭祀，需要极大的忠诚和勇气。到清末，达尔扈特人的生活日益艰难，蒙古王爷把大片的成陵禁地卖掉，一些达尔扈特人只得忍痛离开伊金霍洛。但不管走多远，日子多苦，每逢大祭，他们都会赶回来，把该交的俸银交上。即使在抗日战争时期，成吉思汗陵因战火而西迁甘肃、青海，

达尔扈特人的俸银也照交不误。

　　达尔扈特人祭祀的方式、祭词的内容是在忽必烈时期逐渐成形的，此后都是口传心授，十分机密。清早或是深夜，在寂静无人的地方，老一辈亚门特（达尔扈特人中的祭祀主持和执行者）会将祭祀的知识，一字不差地传给自己选中的接班人。当然，只传儿不传女，接班人一般都是家中长子。一户亚门特掌握的秘密，同是亚门特的另一户人家也不得而知。

　　流传至今的祭词有 50 多部，5000 多行，亚门特全得背会，一字不能差。其中 12 首祭歌，不是一般的难学，除了最后一首用蒙古语演唱之外，其余 11 首祭歌，都是连牙门图德（达尔扈特人中的遗族）也难解其意的"苍天语言"，

所以被称为"天歌"。

　　13世纪形成的成吉思汗八白宫祭祀文献《金册》，经过达尔扈特守灵人几百年相传，完整地保留至今。"达尔扈特"，译成汉语就是"担负神圣使命者"，就是这一群达尔扈特人，将13世纪古老的祭祀文化完整地保留了下来。

　　近800年来，达尔扈特人凭借其超凡的忠诚，守护着成吉思汗的陵寝和灵魂、守护着他们心中的信仰。

　　随着王朝的更替，成吉思汗祭祀也从国之大典，演变为区域性的民族习俗。尽管如此，成吉思汗祭祀一直保持着庄严性、代表性和文化的丰富性。成吉思汗祭祀活动近800年来不曾间断，这是人类文化史上的奇迹。一方面，是蒙古人对人类文化多样性的贡献，另一方面，这一奇迹的产生，除其他原因外，一个重要因素，是源于对人类文化多样性的尊重，即汲取不同文化有价值的元素，提升文化品质和创造能力，不断丰富自身文化的内部多样性。

吉祥敖包

20

布达拉宫里的神骏白驼

元朝时，忽必烈在元大都建太庙祭祀成吉思汗等先祖，将太庙定为八室，同时在上都（今内蒙古正蓝旗河北岸）也建立了八座祭祀成吉思汗的宫帐，史称"八白宫"，也叫"八白室"。

后人对成吉思汗的陵寝，有各式各样的揣测及联想，对于殉葬的宝物更是传得沸沸扬扬，不知勾起多少颗觊觎之心。荒诞离奇的故事，史不绝书，什么说法都有。几个世纪以来，很多人相信，成吉思汗的遗体并不是埋在蒙古国的肯特省，而是在内蒙古的鄂尔多斯高原。"鄂尔多斯高原上有座神庙，成吉思汗的遗体被供奉在一具银棺里，棺材就放在神庙中央的黄丝帐中。日本人侵略中国的时候，曾尝试劫走'遗体'。当时的日本人根据考古所得，

还设计了一个规模宏伟的陵寝来安放。这个计划并没有实施。中国共产党执政之后，1955 年，在内蒙古兴建了一个成吉思汗陵……中国共产党不但兴建陵寝，还允许蒙古人前往朝圣，当时，为了纪念先祖，前往鄂尔多斯谒灵的蒙古人多达三万。"（提姆·谢韦伦《寻找成吉思汗》）

　　鄂尔多斯成吉思汗陵是祭奠先祖灵魂的权威陵地。近年来，随着日本和蒙古国一个联合考古队宣称找到成吉思汗陵后，一些人认为，达尔扈特人守卫和祭奠的鄂尔多斯成吉思汗陵，是成吉思汗的衣冠冢和象征性陵寝，并非其实际安葬地。针对这一说法，成吉思汗第 34 代嫡孙、也是中国迄今在世的最后一位蒙古族王爷奇忠义认为，成吉思汗逝世于今天宁夏回族自治区的六盘山，当时是夏季，气候炎热，遗体不可能运出很远，秘葬在鄂尔多斯境内的可能性很大。

　　鄂尔多斯成吉思汗陵一直是世人公认的成吉思汗陵地，几百年来，人们在这里进行公祭活动，国内外的蒙古人每年都到这里来进行祭祀，是不可替代的成吉思汗祭祀地。尽管一些人认为鄂尔多斯成吉思汗陵是象征性的陵寝，并热衷于寻找成吉思汗秘葬地，但丝毫没影响成吉思汗陵的祭祀活动，达

尔扈特人也一如既往地忠实履行着守护成吉思汗陵的职责。

　　负责成吉思汗陵寝管理和祭祀的，是当地政府专门设立的成吉思汗陵管理局。管理局中有五十多名达尔扈特人，其中有八名专门负责祭祀事务。鄂尔多斯的成吉思汗陵声名远播，每年由达尔扈特人（守护成吉思汗陵的蒙古族人）司职的成吉思汗四大祭祀，非常独特。尤其是每逢龙年的农历十月初三举行的十二年一次的哈日苏勒德龙年威猛大祭和农历十月初五明安（蒙古语意为一千棵榆树，离苏勒德霍洛正北十公里的地方）壮威大祭更为隆重。

　　1935年，达拉特旗的森盖在挖地时，挖出一个小铁柜。柜长1尺5寸，宽8寸。打开柜后，里边放一本破旧的，用蒙古文字书写的书籍。据说这是元朝将领突拔都跟随成吉思汗出征的日记。日记里说，大汗在出征途中突然逝去，将领与军士都十分悲痛。大汗手下的官员们议定，要给大汗举行大葬。第二天早晨，拉战车的神驼（白骆驼）和成吉思汗原来骑的白马，都跑到灵前并排站在那里。葬礼过程中，成吉思汗生前骑乘的白马突然用头碰地，致使脑袋破裂，当即死去，……官员们把成吉思汗的衣服、帽子、宝剑等遗物，用香熏过之后，放在了一只七宝箱里，让那头白色的骆驼拉上，在沙漠里走了47天，到了一块平漠洼地，白骆驼再也不走了，任凭送葬的人们怎样拉，怎样赶，仍然站着。在这种情况下，成吉思汗的手下官员只好祭奠、祷告。这时，大汗的宝剑突然

飞走，大汗的衣服、帽子也放出异常的光彩。于是，大汗的臣民们认为大汗喜欢这个地方，便把那个七宝箱葬在这个平漠洼地里，并派人保卫守护。之后，又派人出去寻找那把飞走的宝剑，居然在一百里外的草原上找到了，便又在那里修了放宝剑的宝库。

关于蒙古族祭祀成吉思汗的史实记载，最早见诸史籍的是成书于康熙元年 (1662) 的《蒙古源流》，为了祭祀成吉思汗，"因不能请出其金身，遂造永安之陵寝，并建天下奉戴之八白室焉。"

蒙古族祭祀成吉思汗的活动，每次的祭祀都有固定的日期和规模。在这些祭祀仪式中，成吉思汗纪元日历的五月二十一日 (即农历三月二十一) 为一年中祭祀活动规模最大和最为隆重的一次。这天，祭祀活动的具体过程大体是这样的：

早晨，当满目葱绿的草场沐浴在金色的阳光里的时候，专司成吉思汗陵寝祭祀的达尔扈特人，按照历史上沿袭下来的传统祭奠程序，把成吉思汗的银棺从八白室里请出来，抬到那辆一年只

能使用一次的特殊高大、古老的枣木花轮车上。为银棺驾车拉套的是一峰威武、英姿勃勃的双峰白驼。这峰白驼和那辆枣木花轮车一样，一年的 365 天中，这一天是它唯一出彩亮相的日子。这就是说：那辆枣木花轮车和那峰白骆驼，都是成吉思汗陵大祭的专用品，虔诚的达尔扈特人是不会拿它们做其他事情的。

达尔扈特人驾着白驼枣木花轮车，将成吉思汗的银棺运载到与八白室相距 2.5 公里的宽阔平坦的甘德尔敖包东草滩上。一年一度的成吉思汗陵大祭的盛典将在这里举行。

德高望重的达尔扈特达玛勒，带领一些专司移灵的达尔扈特人，把成吉思汗的银棺安放在灵柩的祭台上。祭台两侧，高高飘扬着36面龙凤大旗，四周的草滩上、沙梁上、敖包上、树林里，到处都扎满了蒙古包，聚集着身穿蒙古袍的牧民。与祭台相距几里路以外的草滩的边缘，那里才是外来商民摆摊做买卖的地方。

把灵柩在祭台上安置停当之后，达尔扈特达玛勒们按照打开银棺的顺序，排成一字序列，每人都从怀中掏出封锁某层银棺的金钥匙。然后，按着第一层，第二层……的开启顺序，一层又一层地打开了银棺上的金锁。开完最后一层的锁子，将灵柩的金盖撬开一道缝隙。这时候，祭台四周的蒙古族牧民，还根本没有嗅

到从灵柩里散发出的那股古老的、神秘的、浓烈的檀香气息，他们的感情就早已不能自持了，有的在望着那道缝隙一个接一个地磕头，有的看一眼那道缝隙后，再也不敢将视线投向那里，只是一个劲地磕头，磕头……这时候，人们的心灵，乃至整个身体，几乎都和成吉思汗的银棺紧密地融合在了一起。

乌珠穆沁人的习俗是，有人即将离世时，家人要把一片绒毛撕细，轻轻敷在将离世者的鼻孔上，看看还喘不喘气。什么时候绒片不动了，就说明此人已经过世。赶紧把它收起来装进达勒根苏勒嘎中，作为珍贵之物保存起来。达拉勒根苏勒嘎是召福的香斗，只有招财进宝、迎禧接福时才拿出来供奉。把这团绒毛放入香斗中，享受这种永恒世袭的待遇，这是源于一种"人死灵魂不灭"的宗教观念。认为人死以后，灵魂还会留下来待在活人身边，冥冥中庇荫其后代子孙，这就是平常我们说的"在天之灵"。因此，后人往往不敢怠慢，祀之唯谨。

成吉思汗及其原配孛尔帖夫人的灵帐中，有一副蒙古式工艺图案的镀金银棺，连守灵的达尔扈特们也不知其中放何物。"文化大革命"中一群红卫兵闯进成吉思汗陵，揭开了这个千古之谜，原来里面只放着一小撮白驼毛。失望代替了好奇心，这团驼毛自然就被抛弃了。后来学者研究得知："老古以前人死的时候要在鼻子上放绒毛。断气以后把这团绒毛放起来，作为老者的代替物供奉起来。"这团驼毛，就是成吉思汗灵魂的吸附物。

吸附物不限于绒毛。僧格仁钦先生记述的察哈尔的载体，就有木刻的人形、毡剪的人形，还有一根绳子上缠的哈达，等等。想来死不由人，谁也不知道他什么时候合眼。家人措手不及，在弥留的瞬间抓到了什么，就拿什么在口鼻上揾一下，就算吸附了灵魂。当然，最普遍的还是绒毛，因为这玩意儿牧区唾手可得。把灵魂吸附在绒毛中，装在褡裢里放在勒勒车上，对游牧民族来说是最方便不过的事情。它不怕压，打不碎，不占地方，经济实惠。把灵魂吸附在绒毛上，随着游牧生涯带在左右，实际上是一间简化了的骨灰盒。额济纳旗的土尔扈特人，则把这种逝者的代替物干脆称作"伊金"——主儿，这跟汉族供奉祖先的画像是一个道理。

不过，蒙古族所谓的"伊金"，用在杰出人物身上，往往加以神话，带上宗教色彩。成吉思汗的那团驼毛，实际上的作用相当于翁衮——即祖先在天之灵与地方守护神的集合体。

由于军情紧迫，前来告急的将士来不及系马栓缰，就将坐骑随手交给马弁牵了，久而久之，形成了以人代桩的习俗。

每到农历三月二十一日，成吉思汗的最大祭奠——查干苏鲁克大祭开始以前，在鄂托克前旗通往成吉思汗陵的路上，人们就会看到一位青年人骑着马，带着祖先的画像，前有向导，后有随从，直奔伊金霍洛而来。这帮人沿途不住蒙古包，不吃牧家饭，自己带着帐篷和伙夫，走到天黑就在荒野支起帐篷，生火做饭，搭铺睡觉。那年轻人有时还故意不吃喝，手里牵匹骏马，一动不动站几个钟头，仿佛一截木桩似的。人们或许会感到很疑惑，疑惑就对了，他练的就是这种把自己变成马桩的"站功"。

每年三月二十一的大祭

既隆重，又热闹。鄂尔多斯七旗的济农（盟长）要亲自主持这天的祭礼。王公贵族和平民百姓都要来参加。以成吉思汗灵帐为首的八白宫要出游，成吉思汗的溜圆白骏，和拴系马驹的永固练绳要接受祭礼，宝日温都尔——那只神圣奶桶里盛放的三百升鲜奶，都要用撩油勺似的长柄小杯一杯一杯地洒完（祭天），盟长和各旗王公要在祭洒的时候脱了靴子赤脚而奔。而那个青年人的特殊表演，更加增添了别样的情趣。原来他的站功，全是为了这天练的。他一手拿着扁羊角，一手牵着溜圆白骏，站在离宝日温都尔三九二十七步远的地方，用沙土齐靴勒埋了双脚，上面由济农写上字盖了印，意思就是不许他活动一下，一活动字就没有了。从三百斤鲜奶开始祭洒到祭洒完毕，一直要整整在那里站上半天，也就是说要站一整套祭礼的全过程，这可

不是那闹着玩的。这个青年人的祖先，也就是画像上的那个人，正是当年偷窥成吉思汗金马桩的盗贼，或者准确点儿说，是成吉思汗帐下的一名亲兵。

　　据说，这名亲兵以前的表现很不错，曾经跟随成吉思汗南征北战，屡立战功。可是，在成吉思汗攻打西夏路经鄂尔多斯时，他却一时鬼迷心窍，竟然连夜偷走成吉思汗拴马的金桩。天亮后，成吉思汗发现此事，立即率军追赶，将其抓获，本要砍头示众，因他发誓永不为盗，并愿以身代桩，世世代代为成吉思汗牵马拽镫。成吉思汗念其战功，就准其所请，赦其罪过，后来，便形成了这一奇特的礼俗。

让盗马桩的人世代以人代桩，牵马侍立，显然是一种赎罪的表示，一种惩罚。但后世的牧民认为既是圣主的牵马人，自然也在可敬之列，就在查干苏鲁克大祭中，你说向溜圆白骏磕头也罢，向他本人磕头也罢，反正要把哈达、铜子、银圆丢到他的脚前。一俟鲜奶祭洒完毕，济农老爷宣布"挪开"之际，那人便收拾上所有这些布施的东西。连夜朝西北方向溜了，再不能在祭祀大会露面。这个人带着随从，绕道回到他的故乡——鄂托克前旗查干陶勒盖苏木金桩滩上。金桩滩沙柳簇簇，淖尔清清，是清朝政府专门划给他们这个家族的封地。不仅如此，那位祖先的画像，都要装在银框中，放在檀木盒内。在离他们居所一百步远的地方，有一座桦木搭架、白毡盖顶的小帐。这位祖先平时就供奉在这里，真像一位有功之臣一样。

在金桩滩东边，当年成吉思汗擒拿盗桩贼的地方，还建立了一座敖包，也叫"金桩"。每年阴历五月十三日，金桩氏的族人都要聚在这里举行敖包会。在三月二十一的大祭中，当他们的后代在伊金霍洛待立牵马的时候，留在家乡的父老兄弟就要在敖包前烧香献灯，向查干苏鲁克祭会的方向三拜九叩。上面提到的那个牵马的青年，必须是画像上那位祖宗的嫡传长子，如无长子或长子太小，必须委派亲缘关系最近的本族人，可见，这是一件很光荣的差事。谁要去成吉思汗陵参加祭礼，附近的族人都要聚到他家，帮忙准备帐篷、骑乘，商量谁做向导、伙夫。在启程的时候，要到小帐中向老祖宗祭祀，把他老人家请上，才能一同往伊金霍洛去。那图像和敖包像纽带一样，把这一族人凝聚在它的周围。你如果有幸造访这块土地，遇上谁若红着脸儿，自豪地说他姓"金"，便是这族人无疑。

　　不过，有的人对上面的传闻和礼俗不大买账，理由是成吉思汗法度严明，最恨盗贼，别说窃一金桩，就是偷一只活羊也要砍头。可能是由于当时军情紧迫，前来告急的将士来不及系马拴缰，就将坐骑随手交给马弁牵了，久而久之，形成了以人代桩的习俗。1931 年 5 月，《蒙古旬刊》上有一段文字，可做这种主张的注脚："相传成吉思汗病笃时，宣急诏，召王公将相，暨诸功臣，凡在百里内者，均期于日午集齐，盖汗因暴疾，发于夜间，使使者驰骑四出传令，远近奉诏诸臣，皆纷纷疾驶而来，既抵行者，即下马仓皇入宫，所乘之马，无暇维系，多由从官，执缰屹立鹄候，自是每年公祭时，盟长王公之乘骑，仍沿旧例，以人为系马桩，而膺此差者，犹须将双趾埋于土中，俾不得移动，以符当年肃立之状。"

草原上的狩猎祭

22

出猎前必须要进行一场专门的祈祷和祭祀活动，燃烧香火，举行烟祭，吟诵《召唤猎物仓》《猎人召福仓》等祝祷词。

世代居住在森林地带的蒙古族猎民认为，野兽是上天和山林守护神的牲畜，这个守护神的名称有的叫"白老头"，有的名曰"巴彦玛尼"。所以，出猎前必须要进行一场专门的祈祷和祭祀活动，燃烧香火，举行烟祭，吟诵《召唤猎物仓》《猎人召福仓》等祝祷词。借以表达狩猎生产顺利的良好愿望，激发起劳动的热情，使狩猎获得成功。

出猎前，有不少禁忌和应准备的工作。如不准在蒙古包里诉说"出去行猎"之事，因包里有火神，她多嘴多舌，容易透露狩猎的消息，影响猎获，因此，离家之前，

只是用油、脂等祭灶（火神），从不声张。其次，狩猎工具亦需净化，进行洗礼、祭奠，为弓箭、比鲁（一种猎具）等涂血，赋予生命，使之复活。骑乘要装饰扯手、马缨，猎犬的脖子上要戴红缨，等等。

　　蒙古族猎民围猎，无论在方式方法上有何许变化，总是遵循着祈祷—打猎—祭天三部曲循环进行。鄂尔多斯有拉网、放狗的猎法。下网是一种古老的狩猎方式，将黑山羊或青山羊绒搓结而成的拉网张挂在沙蒿林里，然后，由一经验丰富的长者在高处点燃旺火，用带来的香火对玛尼罕（狩猎之神）进行烟祭祝祷：

　　　愿出有所猎，

　　　归有所获，

　　　出有所猎每人一头，

　　　归有所获每人一份。

　　　愿灰褐的兔子，

　　　火红的狐狸，

　　　两边驮子装得满满，

　　　压得骆驼难以动弹，

　　　年轻人抬上抬下肋骨累断，

　　　四岁马鞍上鞍下兽禽连串，

　　　愿归有所获，

　　　出有所猎！

　　如此祝祷之时，大家同声呼唤："呼瑞，呼瑞！"随之将拉
网或比鲁象征性地旋转烘烤一下，喊着"阿利古恩，阿利古恩！"
以示猎具已经去邪净化，将随人意，可望猎获丰收。然后形成扇
形包围圈，响鞭嗾狗，惊动猎物，向拉网方向缩小包围圈，让猎
物卷入拉网，最后捕杀。

围猎结束后，共同剥兽皮，清理猎物。首领举起第一张只剩鼻子没有剥完的狐狸皮召唤道：

祝您平安康泰！
一股一股的黄尘走开，
白额头的野兽过来。
嗖噜嗖噜的风尘走开，
竖耳朵的野兽过来。
捕过的地方一二百，
首尾相接，
脊背相挨，
有黄头，有兔崽，
有外孙，有外公，
都到我们这猎圈里来！

如此祝祷和召唤一阵后，将皮子从狐狸的皱鼻子上扯下来，说狐狸是给玛尼罕献的"术斯"，便用刀将其肢解，尾巴窝进嘴里，团成一团置于高地。

杭爱山一带猎民有捕到狐狸和狼的，会在剥皮后吟诵：

对狼中的白色狼
对狐狸中的红色狐
对放哨的花白狐
愿你们升天受福
呼瑞，呼瑞，呼瑞！

然后，用扒下的皮子予以招魂。从某种程度上说，蒙古族猎民在古代对狼和狐狸是极

其尊重的，猎到此类猎物后有一套讲究，要进行专门的招魂祭祝仪式。

在狩猎民俗中，如果某次出猎所捕甚少，便认为是网子被晦气冲了，即"刚嘎日巴"的原因，便要在野外土丘上升起火来，手拉网子在上面转来转去，念去刚嘎的经咒：

是在野外睡过吗，刚嘎？

是被未出嫁的姑娘跨过吗，刚嘎？

是被花虎斑狗尿过吗，刚嘎？

是被罗圈腿的婆姨跨过吗，刚嘎？

是被破妖烂鬼霸占过吗，刚嘎？

正用香柏食盐给你去邪呢，刚嘎？

关于狩猎中要驱邪除晦的禁忌行为，在杭爱山一带的猎民中

也有类似做法。达尔罕人认为出猎前烧盐可驱除晦气、增添福气。
仪式分两种：第一，给猎犬驱晦除邪，将猎犬放在两堆火中间，
灼烫其尾少许，并用刺枝敲其嘴，使之从两堆火中间跑过去；第二，
给猎人驱晦除邪，猎人从两堆火中间走过去，妻儿手执树枝鞭打
其衣襟，一边打一边说："赶晦气，赶晦气！"并念诵驱晦除邪
词。达尔罕人对猎到的鹿和熊非常尊敬，猎鹿剖皮后，朝杭爱山
叩首致祝词，妻子接过丈夫带回的鹿茸，顺口吟诵："金色的杭
爱山／恩赐了大犏牛呀／它是蒙古的大牛呀／您赐给了我们"。
不说鹿而说大牛，似是一种避讳，他们在猎到熊时，总是很礼貌
地一再道歉，吟诵道："不是故意伤害／不是为了消遣／而是生
活困难／度日如年"。剖开熊皮后……说："天寒地冻／冷得发
颤／请施恩惠／赐我温暖……抚养子女／千钧重担／花狗瘦弱／
负毛也难／又饥又寒／您可怜咱／毫无胁迫／毫无畏惮／非常温
驯／来到面前／我的愿望／圆满实现"。如此等等，充分说明蒙
古狩猎民的禁忌避讳是很多的，而且随着地区不同而又显出各自
的特点。

在围猎结束后，猎人用分到的珠勒图即心、肝、肺、喉咙等
内脏祭天，实际多数用它来祭了敖包，这样做的目的是为了使猎

物的灵魂迅速升天,早早转世。

在猎物分配上,如是官方组织,猎物便被可汗和各级那颜作为奖品赏赐给围猎者,猎绩突出者及神箭手自然赏赐优厚。若是民间围猎,所有参加狩猎的人每人都有一份,即使未参加打猎,恰逢这种场合,也要享受"狩猎之福"分一份牲肉。猎人在野外遇见陌生人,也要将自己所获分一些给他,不能小气。蒙古族人传统习惯认为,飞禽走兽乃是天神的财产,打到猎物,不过是天赐之福。这福不是赐给哪一个人的,凡有所获,无论是否参与狩猎或路遇之陌生人、左邻右舍都有权利分享。如果独吞天赐之福,就会触怒天神,招来祸殃。猎品不论多少,哪怕是微不足道的一点牲肉,该送到的人都要送到。这种分配方法,蒙古族称之为"失罗勒合",即分份子之意。如果哪家没有送到,就会视为落下口福而被人小瞧,甚至因此迁往他乡,迄今新疆蒙古人尚保留此俗。

如追溯此风的历史成因,大概与蒙古代氏族社会"悬肉祭天"

时每个氏族成员分份子、即分胙肉的风俗沿袭相关，所以，蒙古
民俗中有这样的吉兆词的：

  猎着的东西，

  十个人吃，

  稀少的物品，

  二十人分着吃。

  可以看出，蒙古族的狩猎历史悠久，源远流长，虽然岁月流逝，
沧桑变化，但狩猎生活中的某些行为仍顽强地保留着遥远时代的
古朴遗风，其流传下来的有关这方面的祝祷词自然也深深刻记着
往古的遗痕。

爱听故事的狩猎神

23

据说山神也和人一样，都是一些故事迷。听得高兴了，就会向人们回赠很多猎物。

生银般躯体的玛纳罕，
有万万头野生的玛纳罕。
金银般躯体的玛纳罕，
狩猎神主玛纳罕。
珠玉般躯体的玛纳罕，
所有猎兽的神主玛纳罕。

这是蒙古族猎民出猎前祭祀狩猎神玛纳罕时对神祇的呼唤。猎民们按照自己的愿望把幻想中的狩猎神，描绘成一个金银珠玉铸成的、拥有千万头野兽的大富翁。祭祀者在对这位冥冥中狩猎命运的主宰者虔诚膜拜的同时，明确而具体地提出了自己的愿望和请求。

蒙古族人认为山狍野鹿、豺狼虎豹都是上天的牲畜，只有祭

天才能得到猎物。各地在出猎之前，都要进行专门的祈祷和召唤
猎物的烟祭，祈求上天赐下狩猎之福，才能"出有所猎，归有所
获"。鄂尔多斯每年正月初七，都要举行第一次打猎的开幕仪式。
届时每户一人，集中到事先约好的禽兽较多之地，由一位经验丰
富的狩猎长者在高处点燃篝火，用带来的香火烟祭玛尼罕天神：

从身旁跑掉的／把它赶回来／我的玛尼罕／扭头逃走的／让
它再归返／我的玛尼罕／眼看去远的／请给往近拦／我的玛尼罕／
让猎物多得前面人的脚板底下／全是鲜红的血迹／让猎物重得后
面人的袍襟底下／全是踩出的坑凹／我的玛尼罕

大家接着长者的口气，齐声喊着"呼瑞呼瑞"，把猎具在火
上象征性地旋转烘烤一下，喊着"阿利古恩，阿利古恩"（驱邪
净化的意思），这才正式出发打猎。阿尔泰山一带的猎民，在出
猎的前夜要把民间艺人请来，说唱《阿尔泰山》。有的著名猎手，
出猎时还把说书人带在身边。如果打不到猎物，就在宿营时让他
把《阿尔泰山》说唱一遍。他们认为山林之神和人一样，爱听好话。
你把他们夸奖高兴了，他们才会以牲畜慷慨相赠，这就是"阿尔
泰之福"。布里亚特部落的猎人出猎前夕，要请专门的艺人讲故事。

如果请不到，就由老猎人代劳。据说，山神也和人一样，都是一些故事迷。听得高兴了，就会向人们回赠很多猎物。

民间传闻说从前有两位猎人，一位会说书，一位会看阴阳。俩人上山跑了一天没有打着野兽，晚上回来在帐篷里说书解闷。山里的神仙知道了，都聚集到他们的帐篷上面来听说书。看阴阳的能开天眼，看到神仙们来听书，也不以为意，会说书的没有这样的本事，也看不见神仙，只是自顾自地说书，不料，当中有一位跛脚的女神仙听得高兴，一失脚从帐篷上面滑落下来。会看阴阳的瞧见了，不由"扑哧"笑了一声。会说书的认为阴阳生在嘲笑他，恼火地说："在这山野草地，只有牛角般相依为命的你我二人，你平白无故为什么耻笑我？"一气之下停止了讲故事，闹得听故事的神仙们不欢而散，大家说："都是这个讨厌鬼瘸腿姑子害的，明天就把她那只瞎眼花鹿送给这位猎人吧！"第二天两个猎人出猎，果然碰到一只梅花鹿，打死一看，一只眼睛果然是

瞎的。打那以后，就形成了出猎前夜讲故事的风俗。讲完后，讲述者要在猎枪的捅条上扎一块羊尾巴油。别人则把黄油、鲜奶倒在木碗里，举过头顶，旋转着"呼瑞"一番。

狩猎前的准备工作，也在一种秘密的状态和神秘的气氛中进行。他们不说出猎的日期，只是悄悄地相互传送马粪蛋，暗示什么时候大家集中。这期间大家见面办事，都要和和气气，避免争吵磕碰。谈及飞禽走兽，也不能口出秽言。即使某座山上没有野兽，也不能直言没有，而是要说："可能有吧，近日没有看到"。特别忌讳在家里谈论打猎的事，因为传说中的灶神爱翻闲话，万一她给山狍野鹿透出风去，大家就什么也打不着了。还怕野兽警觉，谈及猎物时尽量避免直呼其名，只用他们彼此明白的行话代替。如管狐狸叫"帽子"（因为狐皮做得好狐帽），管四不像（俗称犴子）叫"扁角兽"，管狼叫"斯尔吉脑日布"（因为狼最机灵，就用一个人名代替）。

人们往往以为猎民是很贪婪的，似乎碰见的野兽都要杀掉，实际上他们却是很讲狩猎之道的。狩猎之福既是上天赐予，惜福便是民众的美德。什么季节狩猎，什么地方狩猎，什么野兽可猎，什么野兽不可猎，在法律上都有记载。忽必烈大汗曾禁止所属各

国臣民在每年三月—十月间行猎的命令，违者"严惩不贷"，其用意在于使"每种猎物能够大幅度地繁殖起来"。几百年来，在蒙古族人心里形成了良好的传统猎风。一般忌讳捕杀怀胎、带仔母兽及幼兽。谁若猎取这些野兽，就被看作是最无能的男人，受到百般揶揄。

围猎时虽然要求不跑掉一头野兽，然而并不是把钻进包围圈的野兽统统猎杀。围猎的最后，总是以放生大批幼兽和带仔的母兽来收场。一旦围猎结束，任何人再不得触犯野兽。过去打猎都忌讳"断群"：猎取十头以上的兽群，总要放掉几头。如果全是公兽或赎辈（不孕或空怀）母畜，也要放生一两头。如果一群中只有一头公兽，一定要将它留下。历史上，成吉思汗和他的黄金家族，曾把野兽当牲畜一样看待，将其捕捉后打上火印，作为私有财产的标记，而后放还野地，外人不能随便捕猎。过去打猎多是为了吃饭和度

荒，牧民观念中没有囤积居奇和赖以发财的思想，加之地广人稀，狩猎有道，野兽便能滋生繁衍起来。正如萧大亨所记："若夫射猎，虽夷人之常业哉，然亦颇知爱惜生长之道，故春不合围，夏不群搜，惟三五为朋，十数为党，小小袭取，以充饥虚而已。"

故事链接：

泰加森林中的猎户

毋庸置疑，战争创造了大蒙古国。所以，成吉思汗把军队凌驾于一切之上。要想使国家延续下去，就必须时刻把战争当成目的和意义。大蒙古国因建立而膨胀起来的能量，不向外界喷发是根本不可能的事。1206年春，成吉思汗站在蒙古高原上，傲视天地，目光犀利地寻找着他的敌人，寻找敌人其实就是寻找大蒙古国存在的目的和意义。

他很快就找到了敌人，那就是西伯利亚泰加森林中的北方狩猎人。这群隐藏在森林中桀骜不驯的猎户们给成吉思汗留下深刻印象。开国大典前，他曾派人知会过猎人们，猎人们轻蔑地对使者说："什么成吉思汗，让他自娱自乐去吧！"

没有泰加森林狩猎人的大蒙古国是不完整的，至少名不副实，在蒙古高原上，恐怕只有这个敌人敢和他明目张胆地对抗。他必须要让他们俯首称臣。

这些森林部落都属于蒙古种族。不过，由于生活环境和条件，他们和成吉思汗的蒙古族的生活方式大相径庭。他们不住在帐篷里，而是住在用树枝搭建起来的简陋棚屋里，他们也没有牲畜，在茫茫无际的深山密林中，这群矫健的人以狩猎为生，他们很瞧不起牧民。这种思想的源泉不知是什么，也许是他们认为，同样都是和动物打交道，牧民打交道的动物很老实，而他们打交道的动物很狂野。

1207年，成吉思汗派遣长子术赤领一万户兵，向泰加森林中的各部落发起进攻，第一个军事目标正是贝加尔湖西面的一支森林部落。

术赤的前锋部队提前三天出发，前锋部队的"斥候"们提前六天出发，当术赤主力部队抵达巴拉干草原时，前锋部队已送来情报说，这个部落在几天前就从巴拉干草原心急火燎地撤进森林。那是片广袤无垠的森林，桦树、杨树、雪松和冷杉遮天蔽日，骑兵在里面就如同陷入泥潭。

术赤说："到森林边缘，我们举行一场军事演习。"

一万骑兵在森林边缘开始各就各位，绕着森林纵横驰骋，马蹄震荡着大地，森林中鲜艳的杜鹃花，厚厚的苔藓浑身发抖。两天后，部落首领带着部众，手捧貂皮、灰鼠皮走出森林，虔诚地宣称他们效忠成吉思汗。

术赤不费一兵一卒就降伏了一支森林部落，这是从前想都不敢想的事。木赤深刻地感受到了大蒙古国的强盛和伟大，他命令部落首领为他们带路，去征服森林中的其他部落。首领答道："不必您说，我就是成吉思汗在森林中的向导，跟我来吧！"

这位森林中的向导先来到临近部落，他夸张地说："成吉思汗的骑兵能排山倒海，我们不是对手，投降了吧！"临近部落爽快地答应了。

森林向导又带着术赤军团向西来到了叶尼塞河流域，这里居住着一个叫作吉尔吉斯的部落。他们在狩猎的途中看到了术赤军团扬起的漫天灰尘，惊恐地咬起了舌头。根本没有等术赤来谈判，他们就放下武器投降了。他们有"推恩"的美好品德，在自己投降术赤兵团的同时，还把森林中大大小小的部落也拉了过来。

兵不血刃地解决了泰加森林中的三大部落，术赤的兴奋可想而知。当他把三大部落的首领带到成吉思汗面前时，成吉思汗更是欣喜若狂，从前对森林猎户们的种种不快都抛之脑后，他特意对拘谨的部落首领说："你们不必害怕，我是个宽厚的人，你们从前参加反对我的联盟，我现在就忘记它，希望你们也忘记它。"

部落首领们趴在地上，浑身发抖。说道：他们将誓死保护和传播成吉思汗在泰加森林中的权威。成吉思汗高兴地对首先归降的首领说："那咱们就联姻吧，我把我家族中的公主嫁给你的儿子，你把你的女儿嫁给我家族中的男人。"

首领不知说什么好，千言万语都不如趴在地上浑身发抖让人印象深刻，所以，他就趴在那里浑身发抖了好久。

不久后，泰加森林中最后一个大部落也宣称归顺成吉思汗，整个泰加森林加入成吉思汗的阵营。

洒祭的天、日、月、星辰，作为风霜雨雪的来源和时辰方位的标志，也直接影响着古代蒙古人狩猎游牧的生产生活。

　　游牧民族自古以来就以天父地母来称呼苍天大地。在内蒙古敖汉旗的青城寺中，供奉着一块据说是乾隆皇帝赐予的陨石。每逢正月初八，牧民们都要前往青城寺祭祀日月星辰，叩拜这块"天赐之石"。

　　游牧民族在祭拜苍天大地，供奉山水诸神，祈求风调雨顺，人事平安。祭祀山川时，讲究不许挪拿山石、伐木动土；祭祀生灵时，讲究不杀戮母幼，猎取要适可而止。否则，猎人要遭受惩罚、面临厄运。

　　在游牧民族心中，风调雨顺，水草丰美，猎物众多，乃至人丁兴旺，这一切的美好光景都是自然神灵的赐予。为此，他们向天父地母顶礼膜拜，供奉祭祀，以表达感激之情。

　　"洒祭"，即向所崇拜的神祇泼洒散扬肉块、乳汁、奶酒等，是蒙古萨满教献祭礼仪的具体方式之一。据研究考证，洒祭最早也是蒙古萨满教图腾祭祀的礼仪之一。随着萨满教的发展，洒祭的献祭方式被广泛运用于天、地、山、水、敖包、祖先的祭祀仪式之中。同时伴随着畜牧业生产的发展，形成以母畜初乳洒祭天地诸神祈求人畜兴旺的专门祭祀。

　　这里洒祭的高山、大河、湖泊、草场都是古代蒙古人的猎场牧地，是他们赖以生存的基础环境。洒祭的天、日、月、星辰，作为风霜雨雪的来源和时辰方位的标志，也直接影响着古代蒙古人狩猎游牧的生产生活。这一特定的自然环境既是他们生息繁衍的摇篮，同时又作为一种外在的异己力量，威胁和压迫着他们。有时出猎满载而归，有时一无所获；有的年份风调雨顺，水草丰茂，有的年份干旱少雨或连降暴雪；有的畜群膘肥体壮，草生繁盛，有的畜群疫病流行，成批死亡。这一切都是什么原因造成的？是什么力量、是谁在主宰着这些变化？

　　由于生产力水平的低下和认识能力的局限，处于氏族社会阶段的古代蒙古人，无法科学解释和驾驭自己生存的自然环境，他们只能拜倒在大自然的脚下，只能在自己有限的经验和思维能力的基础上，按照对人自身的理解来理解周围的大自然，产生以"万物有灵"观念为基础的多神崇拜。

天上的日月星辰有神，地上的山川湖海有神，空中的飞禽、山林的走兽有神，有枯有荣的树木花草有神，熊熊燃烧的火也有神。生活在天地万物诸种神灵包围之中的古代蒙古人，几乎每做一件事都要祭拜有关的神祇，求得神灵保佑。每一抬手动脚都害怕违犯神的禁忌，得罪于神灵。一年四季，月月日日都在不断地向神灵祷告：

我的天父！祈求您赐给我们吃的食物。

我的天父！祈求您赐给我们穿的衣服。

我的天父！祈求您赐给我们作战的乘马。

我的天父！祈求您把死神赶走。

……

游牧先民们从最初的无知，逐渐形成习惯性的认可。万物有灵的观念，源自于崇拜自然、天神和祖先，认为草原上的一草一木、飞禽走兽、河流湖泊都有神灵，不可以轻易地变动、射杀和破坏，否则将会受到神灵的惩罚。世上万物都是天父地母所生，天生平等。作为天地之子，人类应像孝敬父母一样，崇拜天地万物，善待自然环境。

在游牧民族的传统观念中，各种自然神灵遍布世界。诸如日月星辰、雨雪雷电、山川湖泊、古木奇石、飞禽走兽等，无一不具有灵性。之所以产生这样的观念，是因为最初的游牧先民不能解释自然奥秘时，便开始由此及彼地神化自然，认为万物都有灵魂，能褒善贬恶，进而逐步衍生出了天神、地神、山神、水神、树神、动物神以及祖先神的形象与职能。自然万物变成了崇拜、感恩、歌颂的对象。

从万物有灵到图腾崇拜，从图腾崇拜再到多神教乃至一神教，这是人类认识发展不断升华的一般过程。然而，人类思维发展到今天，神灵依然还是一个挥之不去的谜团，文化就具有这样的奇

特性。

　　有神灵就有禁忌，或者说：禁忌的背后是对神灵的恐惧。游牧民族的禁忌大都和现实的生产、生活息息相关，诸如：人不可以从火上跨过去，不可以带鞭子入帐房，人与人之间不可以背信弃义，不可以在水边抛撒脏物，不能破土与除草，等等，这种种禁忌构成了游牧文明伦理道德的神圣戒条。从万物有灵的观念出发，自然就会产生于万物之间，都具有天然的相亲相近的习性关联，诸如洒祭、火祭等各种形式的祭祀活动，通过不同的行为在相互比拟中，得到源自于生存环境的共同启示，各民族之间的文化差异，就这样在大自然的启示中，渐渐趋同。而草原传统文化的一个显著特点，就是自觉或不自觉地，以神灵的名义，要求人们尊重生命，敬畏自然。进而，从这一观念中衍生出系统的生态道德以及人与自然和谐相处的生态伦理观念。

牧业之神吉雅其 **25**

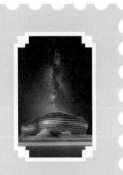

牧民不但把他的神像画在皮张上定期祭祀，而且做成翁衮装在羚羊角做成的匣子里，供在随同毡帐游牧的神车里，以便随时献祭祈祷。

　　"吉雅其"是牲畜保护神，在蒙古族、达斡尔族、鄂伦春族、鄂温克族中都有，并通称为"吉雅其"。这位善神专司家庭人畜两旺，是与北方民族牲畜饲养管理有着密切关联的守护神。我国北方各游牧民族中，把牲畜保护神、狩猎神以及其他相近的人畜保护神普遍作为家神供奉。它们是萨满教灵界的神偶，是有别于祖先神而出现在家神信仰之中的一类善神。

　　传说牧马人吉雅其是一位深知马的习性、勤劳而又热情的老者，一生放牧着那颜的马群。他年老病倒，临死还舍不得与马群告别，因而久久不能合眼。那颜亲自前来探望，听取他的遗言。他提出要求说："我死以后，把我平时穿的衣

服给我穿上，在我的胳膊上挂上我用过的那根套马杆，之后就把
我放在那匹黄骠马上，送到西南山上去，让我背靠着额尔敦本贝
山，眼望阿拉坦本山，静卧长眠。"当那颜答应了他的要求之后，
他就放心地闭上了眼睛。几个月后，那颜的马群里发生了瘟疫，
并且发现夜夜有人把马群赶进西南那座深山里去。那颜知道这是

吉雅其的亡灵还没有安息，一直放心不下自己的马群的缘故。因此，就走进山里，对着吉雅其的遗体许愿祷告，答应回家以后把他的像画在牛皮上供奉起来，让他天天都能看到心爱的马群。这样，从第二天起，一切事情都平息下来，山中吉雅其的遗体也从此不见了。

吉雅其的妻子也是一位热爱孩子的慈祥老婆婆。生前对村子里的孩子照顾得十分周到，深受孩子们的喜爱。吉雅其死后不几个月，她也与世长辞了。她死后不久，村里的孩子一个个闹起病来，母亲们知道是孩子们想念老婆婆闹的病，于是，赶紧把她的像画在雪白的新毡上，像对待吉雅其那样也把她的画像供奉起来。这样一来，孩子们的病全都好了。从此以后，人们就把吉雅其夫

妻看成是牲畜保护神和孩子们的保护神，世代供奉。

据说，吉雅其最早是创造幸福的命运之神，后来，畜牧业经济占主导地位以后，吉雅其兼有了牲畜保护神的职能，并主要成为牲畜保护神。吉雅其神职功能这种转化，反映了由狩猎业过渡到畜牧业的蒙古人，希图通过神灵恩赐的好命运获得畜牧业丰收的愿望。由于幻想中的吉雅其天神具有如此重要的职能，牧民不但把他的神像画在皮张上定期祭祀，而且做成翁衮装在羚羊角做成的匣子里，供在随同毡帐游牧的神车里，以便随时献祭祈祷。

高尔基说过"在原始人的观念中，神并非一种抽象的概念，一种幻想的东西，而是一种用某种劳动工具武装着的十分现实的人物，神是某种手艺的能手，人们的教师和同事。"吉雅其正是这样一位牧马能手，牧民心目中的教师。他由于受到人们的尊崇和赞赏，逐渐被人们擢升为神，再通过萨满教的认可，就成了宗教界的神偶，吉雅其的形象经传播，更是赢得人们的普遍爱戴，从而在民间扎下根来。

由于吉雅其神是专门保护各家各户不受灾难侵袭的一种福神，有直接维护人们心理上的平衡作用。所以，在蒙古包里都要悬挂他的画像，日日奉祀，有时还要举行隆重的祭祀仪式，祈求吉雅其驱魔降福，保护人畜平安。

故事链接：

蒙古族的牧羊神——保牧乐

传说在很久很久以前，草原上有一位单身的牧羊老人，名叫保如乐岱，他笃信吉雅其神。他有七只紫色的绵羊，还有一匹长着翅膀的铁青飞马（宝马）和一匹不会飞的铁青马。

有一天，老人发现羊群里生了一只雪白的牝羊羔。于是，便准备用它来祭奠神灵，不料，被天帝霍尔穆斯塔的两只乌鸦剜吃了白羊羔的两只眼睛。老人一气之下乘飞马追上两只乌鸦，捉住它们痛打了一百羊鞭，拔掉了它们的铜嘴，换上了羊角嘴。两只乌鸦被狠狠地惩罚后，飞回去向霍尔穆斯塔控告了保如乐岱老人。天帝一听大怒，派了两只恶狼，令他们吃掉老人的飞马，以示严惩。老人在吉雅其神的梦示下作了安排，他知道狼的本性贪婪，不愿意放过每一头牲畜，于是将飞马拴在屋里，给不会飞的铁青马上了绊子拴在门前。狼果然上当。吃了那匹不会飞的铁青马后匆忙逃走，以为完成了使命。正洋洋得意往回赶路的时候，老人又骑上飞马在空中捉住了两只狼，各打一百鞭子，打断了它们的脊梁，拔掉了它们的钢牙，换上了骨牙，弄得它们遍体鳞伤，两只狼一瘸一拐地回到天上，向天帝告了一状。天帝震怒，又令阎王派两个纸鬼去了解老人的身世。老人得到吉雅其的梦示，把门窗关严，在窗下放了一碗水便睡下了。醒来一看，纸鬼掉进碗里，浑身透湿无法动弹。老人骂它们是"有门不走，专钻窗户的破鬼"，就把它们撵走了。纸鬼回到天庭禀告，天帝愤怒之余又派来黑龙要打死老人的飞马，老人在吉雅其神的梦示下，手握猎棍等待着黑龙的袭击。黑龙驾黑云来到，与老人厮打起来。几个回合以后，黑龙只打断了飞马的三寸黑马尾，老人却一棍子把黑龙的尾巴连根打断，大腿关节摔脱，再也站不起来了。

天帝见势不妙，便决定亲自来人间审讯老人。但是，能言善辩的保如乐岱毫不畏惧地慷慨陈词，据理力争，揭发了乌鸦、恶狼、纸鬼、黑龙等使者的罪恶，把天帝驳得哑口无言。天帝对保如乐岱老人说道"保如乐岱，你做得对，从此你做我的'护鲁格——保牧乐'，保护人间牲畜吧！"说完回天上去了。从此，这个勤劳的老牧羊人——保如乐岱就被蒙古人当作保护牲畜的神供奉起来。

参考书目

1．郭雨桥著：《郭氏蒙古通》，作家出版社 1999 年版。

2．陈寿朋著：《草原文化的生态魂》，人民出版社 2007 年版。

3．邓九刚著：《茶叶之路》，内蒙古人民出版社 2000 年版。

4．杰克·威泽弗德（美）：《成吉思汗与今日世界之形成》，重庆出版社 2009 年版。

5．度阴山：《成吉思汗：意志征服世界》，北京联合出版公司 2015 年出版。

6．提姆·谢韦伦（英）：《寻找成吉思汗》，重庆出版社 2005 年出版。

7．宝力格编著：《话说草原》，内蒙古大学出版社 2012 年版。

8．雷纳·格鲁塞（法）著，龚钺译：《蒙古帝国史》，商务印书馆 1989 年版。

9．王国维校注：《蒙鞑备录笺注》，（石印线装本）

10．余太山编、许全胜注：《黑鞑事略校注》，兰州大学出版社 2014 年版。

11．朱风、贾敬颜（译）：《蒙古黄金史纲》，内蒙古人民出版社 1985 年版。

12．额尔登泰、乌云达赉校勘：《蒙古秘史》，内蒙古人民出版社 1980 年版。

13．（清）萨囊彻辰著：《蒙古源流》，道润梯步译校，内蒙古人民出版社 1980 年版。

14．郝益东著：《草原天道》，中信出版社 2012 年版。

15．刘建禄著：《草原文史漫笔》，内蒙古人民出版社 2012 年版。

16．道尔吉、梁一孺、赵永铣编译评注：《蒙古族历代文学作品选》，内蒙古人民出版社 1980 年版。

17．《蒙古族文学史》：辽宁民族出版社 1994 年版。

18．王景志著：《中国蒙古族舞蹈艺术论》，内蒙古大学出版社 2009 年版。

19．郭永明、巴雅尔、赵星、东晴《鄂尔多斯民歌》，内蒙古人民出版社 1979 年版。

20．那顺德力格尔主编：《北中国情谣》，中国对外翻译出版公司 1997 年版。

后记

经过反复修改、审核、校对，这套《草原民俗风情漫话》即将付梓。在这里，编者向本套丛书编写过程中，大力支持和友情提供文字资料、精美图片的单位、个人表示感谢：

首先感谢内蒙古人民出版社资料室、内蒙古图书馆提供文字资料；

感谢内蒙古饭店、格日勒阿妈奶茶馆在继《请到草原来》系列之《走遍内蒙古》《吃遍内蒙古》之后再次提供图片；

感谢内蒙古锡林浩特市西乌珠穆沁旗"男儿三艺"博物馆的工作人员提供帮助，让编者单独拍摄；

感谢鄂尔多斯市旅游发展委员会友情提供的2016"鄂尔多斯美"旅游摄影大赛获奖作品中的精美图片；

感谢内蒙古武川县青克尔牧家乐演艺中心王补祥先生，在该演艺中心《一代天骄》剧组演出期间友情提供的"零距离、无限次"的拍摄条件以及吃、住、行等精心安排和热情接待；

特别鸣谢来自呼和浩特市容天艺德舞蹈培训机构的"金牌"舞蹈老师彭媛女士提供的个人影像特写；

感谢西乌珠穆沁旗妇联主席桃日大姐友情提供的图片；

感谢内蒙古奈迪民族服饰有限公司在采风拍摄过程中提供的服装和图片；

感谢神华集团包神铁路有限责任公司汪爱君女士放弃休息时间，驾车引领编者往返于多个采风单位；

感谢袁双进、谢澎、马日平、甄宝强、刘忠谦、王彦琴、梁生荣等各位摄影爱好者及老师，在百忙之中友情提供的大量精心挑选的精美图片以及尚泽青同学的手绘插图。

另外，本套丛书在编写过程中，参阅了大量的文献、书刊以及网络参考资料，各分册丛书中，所有采用的人名、地名及相关的蒙古语汉译名称，在章节和段落中或有译名文字的不同表达，其表述文字均以参考书目及相关资料中的原作为准，不再另行修正或校注说明，若有不足和不当之处，敬请读者批评指正和多加谅解。